Intellectual Capital Configurations and Human Resource Development Strategy in Public Organizations

公共组织智力资本配置之道

饶伟国 著

北京大学出版社
PEKING UNIVERSITY PRESS

图书在版编目(CIP)数据

公共组织智力资本配置之道/饶伟国著. —北京：北京大学出版社，2013.10

(公共管理论丛)

ISBN 978-7-301-23325-2

Ⅰ. ①公… Ⅱ. ①饶… Ⅲ. ①智力资本-管理组织学 Ⅳ. ①C936 ②F014.39

中国版本图书馆 CIP 数据核字(2013)第 239898 号

书　　名：公共组织智力资本配置之道

著作责任者：饶伟国　著

责 任 编 辑：耿协峰

标 准 书 号：ISBN 978-7-301-23325-2/C·0947

出 版 发 行：北京大学出版社

地　　址：北京市海淀区成府路 205 号　100871

网　　址：http://www.pup.cn　新浪官方微博：@北京大学出版社

电 子 信 箱：ss@pup.pku.edu.cn

电　　话：邮购部 62752015　发行部 62750672　编辑部 62753121　出版部 62754962

印 刷 者：三河市博文印刷厂

经 销 者：新华书店

650mm×980mm　16 开本　12.5 印张　135 千字

2013 年 10 月第 1 版　2013 年 10 月第 1 次印刷

定　　价：38.00 元

序

在这个创新与变革的时代，组织的成功更加依靠智力资本的积累、配置和运用。面对新的变化，需要有新的管理措施和策略来应对。智力资本及其包含的人力资本是如何让组织更有效地运转？有限的资源该如何进行配置？这是一个组织战略层面的问题，管理实践者和研究者都在追寻其中的答案。本书正是该领域中创新性研究的一项成果。

本书从组织内部最本质的“知识”入手，通过分析智力资本与组织业务特性的匹配，运用实证的方法，以全新视角分析了智力资本与组织绩效复杂关系中所包含的内在机制，提出了“智力资本匹配模型”，并且发展出智力资本配置框架，采集了数百个公共组织的一手数据，验证了模型的有效性。该研究拓展了智力资本的理论研究，并且探索出一套具有实践意义的管理策略。

当前，管理科学领域并不缺少思辨，但却需要更多运用规范的科学研究方法，严谨推导研究结论，通过促进理论发展来指导管理的实践。本书在大量文献研究基础上提出研究设想并转化为模型，使用通过艰辛调查从18个省、市的217个公共组织直接采集的组织层面数据，运用路径分析、交互效应检验、逐步回归等方法分析数据、验证模型，检验了“智力资本形态与组织业务知识特征之间的匹配程度会影响组织绩效”、“实施具有导向性的人力资源开发策略来实现智力资本与业务知识特征的匹配，进而促进组织绩效”两部分研究设想，而且分析检验了多套具有操作性的开发策略类型。从理论上说明了人力资源开发是如何通过影响组织的智力资本形态，进而促进组织发展、提升组织绩效的。特别是，还探索了各类人力资源开发策略将产生何种智力资本形态，这些智力资本形态又是如何与组织的业务特征相适应，从而对组织绩效产生影响。

同时，本书的研究也说明了人力资源部门在组织中所扮演的角色，不该只局限于进行人力资源开发，扮演培训者的传统角色，而是应该更加积极主动地承担起建设与开发整体“智力资本”的责任，这其中包括：组织开发，组织知识管理，结构资本的计量和开发，结构资本与人力资本的协调，智力资本与组织战略的匹配等。为了达成组织的目标，人力资源部门应该成为组织的战略伙伴，参与组织规划的制定和实施。人力资源部门要承担起这些职责，就要使人力资源部门的从业人员具有较好的职业水准和胜任能力，使人力资源部门在组织战略实施的过程中发挥重要的支持作用。

特别要提到的是，在本书的研究中，作者充分考虑了资源约束这一重要的条件，让理论研究更加逼近现实，同时也是理论上的一个创新点。当前，我国的各种组织，特别是公共组织，用于发展智力资本的资源较为有限，未能做到有效地统筹安排，也没有很好地发挥公共部门作为一个大系统在智力资本建设上所具有的巨大潜在优势。公共部门可以利用这些优势，发展结构资本来促进知识在部门间、地区间进行传递，从而减少多个部门重复开发新知识所产生的成本，提高资源的使用效率，充分发挥大型组织在结构资本投资上具有的规模经济优势。从这个意义上说，人力资源部门不能只把视线局限在人力资源上，而要放到整个组织上来思考和操作；不光要关注人力资本，也要重视结构资本。人力资源部门要结合组织的外部环境，为组织提供高效合理的智力资本。各类大型企业组织，同样面临这样的挑战。本书的研究结论和建议建立在大量数据和严谨分析基础之上，且具有很强的可操作性，对于政府、企业，特别是大型组织的决策者、管理者都会具有实用价值。

要产出本书这样的研究成果，需要作者艰苦的研究和大量的积累。伟国博士在人力资源开发和管理领域学习研究了多年，本科与硕士阶段都在中国人民大学劳动人事学院学习；博士阶段先是在北京大学接受了严格的训练，在多学科理论和研究方法方面打下了扎实的基础，后作为中美联合培养博士，在人力资源管理领域的顶尖学府——美国新泽西州立大学管理与劳动关系学院学习研究，在理论基础、研究方法、思路视野上得到进一步提升。书中清晰的思路、严谨的论证都体现了伟国扎实的理论功底和过硬的研究素质。

本书是伟国攻读博士期间的成果之一。作为老师，看到自己的学生为社会奉献出这样高质量的研究成果，我感到非常高兴！我要祝贺伟国及其著作的出版！

萧鸣政

2012 年 10 月 29 日

自 序

本书是我博士毕业研究的成果，每每翻阅书稿都让我回想起在北大学习生活的点滴，回想起自己在学术中成长的历程。能够在燕园里学习研究，在畅春园里惆怅欢笑，是我人生的幸运，也是幸福。每每用心去感受未名湖的春夏秋冬就会生出种种的回忆与畅想，同时引出无限的感怀和留恋。

在开放而包容的北大，我感受到的是学者们的严谨睿智，青年们的聪慧热情，更重要的是北大人所具有的那份责任感——对于国家和民族的责任感。有幸能成为其中的一分子，我要时时用这把标尺来勉励自己，要求自己。

在博士阶段，我作为国家公派中美联合培养博士到美国罗格斯大学（也称为新泽西州立大学，英文名：Rutgers，The State University of New Jersey）管理与劳动关系学院学习。罗格斯大学建校于 1766 年，是美国最老牌的高等学府之一。这里有透着古老气息的办公楼，有藏书丰富的图书馆，有信息庞大的数据库，更有漫山遍野的枫叶和自由奔跑的小鹿。

罗格斯大学管理与劳动关系学院（School of Management and Labor Relations）是战略人力资源管理思想的发源地，在人力资源领域久负盛名，有多位大师在这里任教，多年来一直心向往之！能有机会作为联合培养的博士在这里学习深感荣幸！在此学习期间，大师们亲自授课，无私指导，使我拓宽了视野，加深了认知，在理论和方法上都有长进。Mark Huselid，Hui Liao，Douglas Kruse，三位教授为博士生开设的专题研讨课，是我们最期待也是最有压力的课程。课程中既有大家聚焦一个专题，在阅读大量专题文献的基础上进行研讨、分享，又有针对参课同学的研究设计展开讨论、点评，甚至是质疑、争论。正是在这样严谨并富挑战性的学术训练中，我逐渐厘清了开展本项研究的思路。本书的理论框架就是在罗格斯大学学习期间形成的。

回想起本书的研究过程，就会怀念罗格斯大学管理与劳动关系学院自由、纯粹、融洽的学习研究氛围。在这里我们能够心无旁骛地在学术的空间里奔跑、畅想、分享，正如窗外不时走过的小鹿，那样单纯、快乐。还会想起同学们在楼前大草地上的热烈讨论，想起在 Highland Park 图书馆温暖灯光下的奋笔疾书，想起与郭旭光博士在学校旁的越南风味米粉店一起讨论研究框架，想起在 MIT 斯隆管理学院学术会议上初识的同学为我提供参考资料，想起 Anselmo 夫妇模拟研究报告会，为我纠正单词发音。一幕幕都仿佛就在昨日。

追寻无尽知识的过程、探寻管理规律的过程，是枯燥的，也是快乐的。而我更是幸运的，能够在快速发展的中国管理实践中来拓展和检验自己的理论研究。回国后，我辛苦奔走国内多个省市收集研究数据，在北京、上海、长春、昆明……打开一扇扇办公室的门，总有热情的脸庞，坚定的目光，鼓励着我继续前行的脚步，将研究进行下去。还有周围人们追求卓越的精神，在温暖我、激励我努力向前。记得初入北大燕园学习之时，老师就教导我们，做研究要“大处着眼、小处着手”。对此，自己曾经不断揣摩、探索，直到今天完成了多项研究，积累了一定的研究经验之后，对老师的话才有了一定的切身感受，并发现自己是在向着这个方向努力践行的。本书正是从组织运转中起到最基础作用的、最细微的要素——“知识”切入，为人力资源部门提高智力资本配置效率提供有效的分析框架及实践指导，以更好地适应新环境的挑战。

正如《管理百年》书中所说的，“管理只有恒久的问题，没有终结的答案”。我们都在前进的路上！

饶伟国

2012年10月于天畅园

目录

第一章　引论

一、问题提出

公共行政理论、理念以及实践在最近二十年的快速发展对公共组织提出了更高的要求。公共组织面临着全球化、信息化带来的诸多挑战。公共部门的组织只有把自身建设成为服务导向的组织、具有弹性的组织、快速响应的组织，才能更好地履行职责，服务社会。在公共部门履行职责、发展改革的背后，真正发挥作用的是那些蕴含在组织中的法律、规则、制度、知识、方法和蕴含在人身上的知识、能力，而这些都属于"智力资本"(Intellectual Capital, IC)的范畴。智力资本是包含内容较广的概念，涉及人力资本、结构资本等无形的知识和能力。智力资本是公共组织运转所依赖的重要基础，也是帮助公共组织实现变革创新、应对挑战的重要资源。

在管理领域内研究智力资本，可追溯到上世纪的90年代。以北欧国家为代表的一些西方国家开始将智力资本的测量和报告引入管理之中，并围绕智力资本做出了诸多的实践和尝试，形成了90年代的一股潮流。在这一潮流中各种机构开始重视和讨论智力资本对于组织绩效和组织发展具有的影响。

联合国2005年发表的《世界公共部门报告2005》讨论了世界范围内，特别是在发展中国家，公共部门人力资源开发与管理在行政管理过程中所具有的重要作用，以及面临的诸多挑战。在此基础上明确地说明，之所以要发布这样一个报告，就是要强调，人力资源在高效的公共行政管理中所扮演的关键性角色①。从人力资本方面说明了人力资本对公共部门的重要性，也反映出人力资源开发的策略、措施能够影响到组织的智力资本，进而影响到组织的绩效。

已有众多的研究证实了人力资源开发可以影响组织的绩效。人力资源的开发对于组织绩效的影响犹如一个黑箱，其中真正的作用机制还没有完全地明晰。对于其中的作用和传导机制，有着众多的说法。有学者尝试从工作态度、人员素质、组织氛围、员工行为或员工能力等多种途径解释人力资源开发对组织的产出和绩效具有的影响，但是目前还没有研究结论能够得到普遍的认同。

资源基础理论(Resource-based View, RBV)及其相关的研究认为，人力资源开发的措施是通过对包括人力资源在内的组织资源施加影响，进而对组织的产出或者绩效产生作用。按照这一理论的推论，组织只要提升或是具有高的人力资本就可以具有竞争优势，并带来高绩效。但是经验研究的结论并没有完全支持这样的理论。与组织运转有关的多种因素也会影响和调节资源对于绩效的作用。在现实中也可以看到，具有资源优势的组织并不一定具有高绩效。

---

① United Nations, *World Public Sector Report* 2005: *Unlocking the Human Potential for Public Sector Performance*, 2005, United Nations, New York, p. IX.

在研究发展的过程中,研究者发现除了资源以外,组织以及组织内部的知识直接影响着使用资源的方式和效率。正是因为显性和隐性知识的差异才使那些具有相同资源的组织会产生出不同的绩效水平。智力资本进入了研究者和实践者的视野①。智力资本作为重要资源并能够为组织带来高绩效的观点被诸多的研究者接受②。

资源基础理论和智力资本理论为组织展示了一幅图景,就是获取和保持包括智力资本在内的优势资源是保持长期优良绩效的重要条件。组织要想获得良好的绩效,就要对智力资本等资源进行投资。但是现实的状况是组织用于配置智力资本的预算是有约束的。不是每个组织都能获得最优秀的人力资源,也不是每个组织都能建设起最优秀的自动办公系统。在一定的预算约束下,如何分配这些预算,如何在智力资本的投资上更有效地进行配置,是组织的领导者和人力资源管理者要思考的问题,也是本书试图回答的问题之一。新公共管理理念的普及也要求公共组织人力资源部门扮演新的角色,使公共组织更具有弹性,能够有效地控制成本,更高效地使用资源③。本书希望能够从智力资本的视角为公共组织人力资源部门提高资源配置效率找到可行的分析框架,以更好地适应新环境的挑战。

中国公共部门一直在努力提高和完善自身的人力资源开发

---

① Thomas A. Stewart, *Intellectual Capital: The New Wealth of Organizations*, 1997, Doubleday Currency, New York, NY, USA.

② James Brian Quinn, Philip Anderson and Sydney Finkelstein, "Managing Professional Intellect: Making the Most of the Best", *Harvard Business Review*, 1996, Vol. 74, No. 2, pp. 71—80.

③ 吴琼恩等:《公共人力资源管理》,北京:北京大学出版社 2006 年版,第 74—75 页。

水平，并且在探索符合中国实际情况的开发和管理方法上取得了许多成果。人力资源开发越来越重要，不仅是国际国内形势发展的需要，也是公共部门自身管理水平提升的要求。以往的人力资源理论，都认为组织要发展，要应对多变的环境，就需要具有较高的人力资本。但现实是各类组织开展各种管理活动都有严格的条件约束，需要管理者在有限条件下施展专业知识和技能，尽量实现管理效果的最大化。政府部门在管理过程中更是面对严格的预算约束，在进行资源的配置时常常需要作出选择。比如，人力资源管理部门就需要决策，有限的人力资源开发预算，是要聘请专家来解决某些问题，还是要对员工进行培训；是进行大面积的一般知识培训还是有针对性地开发少数管理人员的领导能力。面对这些问题，并不存在一个适用于所有单位的统一模式。组织在进行智力资本的投资时，需要考虑组织的业务特征。无论什么样的管理措施，都要考虑业务这一核心因素。不同的业务需要不同的人力资本和结构资本。Joia 在 2004 年的文章中就提出，智力资本的管理能够提高组织运作效率，降低成本。面对全球公共部门在行政管理成本预算上都面临挑战，把智力资本管理的技术和方法运用到公共部门当中来是一个可行的解决思路①。

现实的观察和理论的分析都告诉我们，人力资源开发策略及措施能够直接对组织的智力资本产生影响。智力资本分为人力资本和结构资本，有限的资源如何分配在两种资本之上，以什么作为实践者能够使用的评判标准都是目前尚未回答的问题。组

① Luiz Antonio Joia，"Developing Government to Government Enterprises in Brazil：A Heuristic Model Drawn from Multiple Case Studies"，*International Journal of Information Management*，2004，Vol. 24，No. 2，pp. 147—166.

织应该运用何种人力资源开发策略来达到资源的有效配置，实现人力资本、结构资本的配置意图。这些都需要研究者和实践者思考。

二、研究目的和内容

本研究的目的就是要回答以下问题：从何种角度和维度来分析组织业务的知识特征，可以为公共组织进行智力资本配置提供依据；业务的知识特征又是如何影响组织所需要的智力资本配置状态（也就是智力资本形态）；与业务特征相适应的智力资本配置状态是否能为组织带来高的绩效；又如何通过人力资源开发策略来调节组织的智力资本配置状态，来满足组织进行智力资本有效配置的目的。

本研究假设智力资本作为公共部门组织最重要的资源，其配置会影响到组织的绩效，但是这种作用会受到组织业务特征的调节。组织在配置人力资本和结构资本时，需要分析组织的业务，围绕业务来配置资源。本书尝试从组织业务的知识特征作为分析要素，从业务的知识特征分析出与其“匹配”的智力资本配置。进而使用相应的人力资源开发策略来实现对组织智力资本的调整，促进匹配，从而为公共组织带来高绩效。

为了回答理论和现实中存在的问题，本研究设想从智力资本的视角来分析人力资源开发策略，使人力资源开发服务于组织绩效。具体来说，本研究主要包括以下内容：

第一，提出以“知识”作为分析元素，来分析组织业务的特征。进而设想从知识密集度和知识可重复使用性两个维度来分析公共组织业务的知识特征。提出分别以“知识密集度”和“知识可重复性”两个维度为标准，根据两个维度的高低水平不同组成了一个两维、四象限矩阵模型。矩阵中的四个象限，分别表示知识密集度和知识可重复性的一种组合状态(见图 3–2)。

第二，本研究设想从智力资本的视角来选择人力资源开发策略。比如，如果公共组织具有高的知识密集度就需要有较高的人力资本来匹配，具有较高的知识可重复性就需要有较高的结构资本来匹配。与此类似，组织在知识密集度和知识可重复性两个维度上的知识特征决定了需要有相应的人力资本和结构资本来匹配。本研究假设，“匹配”将对公共组织的绩效产生积极的影响。而且，依据“匹配”所需的人力资本与结构资本组合来选择相应的人力资源开发策略。

第三，本研究归纳了四种人力资源开发策略，包括：平衡发展型、结构导向型、人员导向型、收缩型。每种人力资源开发策略类型都包含若干具有共同目标的开发措施。实施某种类型的人力资源开发策略，就会带来相应的人力资本与结构资本的组合，从而调节组织的智力资本形态，使其与组织业务的知识特征相匹配。

第四，本研究通过两个部分的分析来验证提出的假设。第一部分，分析验证公共组织智力资本形态与组织业务知识密集度之间的匹配是否会影响公共组织的绩效。第二部分，验证本研究提出的四种人力资源开发策略是否对公共组织的智力资本产生设想的作用，对人力资本和结构资本的水平具有影响。

综合起来，可以把本书的研究思路用下页图示意(见图 1–1)。

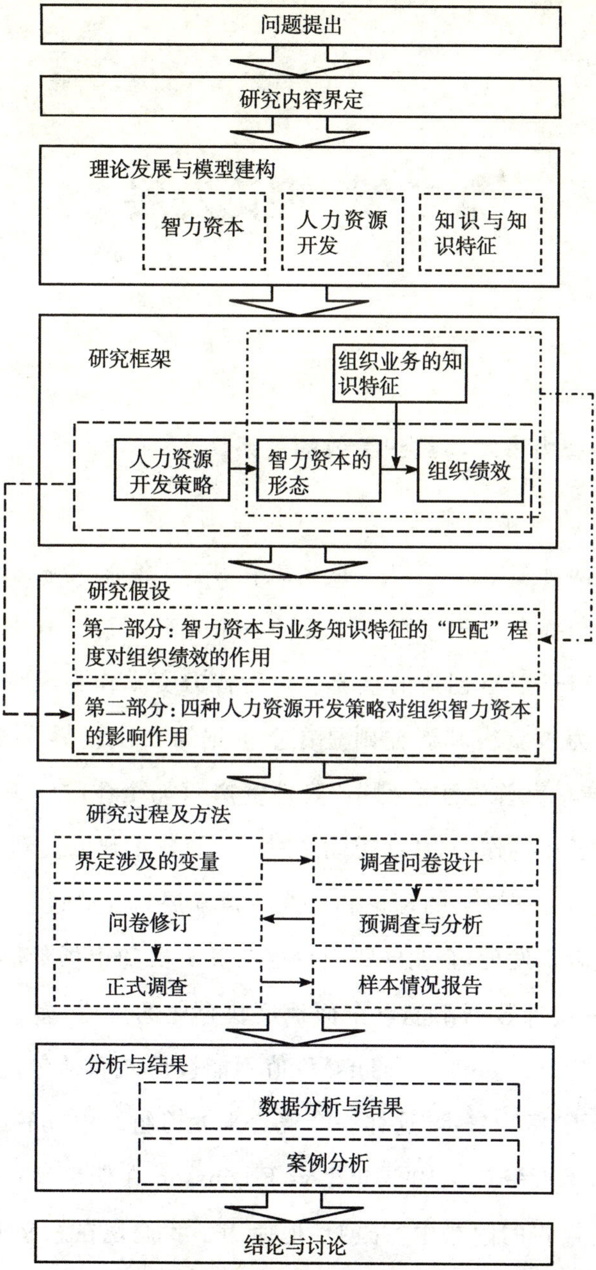

图 1-1　本书的研究思路示意图

第二章　理论发展

一、智力资本与组织绩效的关系

1. 智力资本的定义

早在两百多年前，亚当·斯密就在其《国富论》中提出工人技能的熟练与提高是国家财富增长的一个基础来源。其中强调了人的知识对于财富创造的重要性。而智力资本作为经济加速发展的推动力被重视和研究则是在上世纪第二次世界大战之后。首先，经济学家首先注意到了“隐性资产”（如个体的知识、技能）在经济增长中的作用，从而带动了对人力资本的研究。到了20世纪60年代，公司财会的理论和实践快速发展。在此过程中，研究者和实践者都发现，企业的账面价值与其真实的市场价值并不相同，财务的统计数据不能够全面地反映企业的价值，多种形式的“无形资产”(Intangible Assets)价值不能被反映和计量。在研究领域引入了“智力资本”这样一个概念来涵盖组织中具有的、与知识相关的无形资产。1993年Leif Edvinsson在斯堪地亚金融公司的年度报告的附录中，开创性地使用了我们现在意义上的“智力资本”这个词来替代会计术语“无形资产”①。瑞典的斯堪地亚金融公司(Skandia AFS)是较早研究和报告潜藏的智力资本的先驱之一。该公司早在1991年就任命Leif Edvinsson为公司的智力资本主管,研究公司的智力资本,并开发了著名的“斯堪地亚导航仪”(Skandia Navigator)模型来管理公司的智力资本。引领智力资本研究的另一个先驱公司则是陶氏化学公司(Dow Chemical Company)。他们也通过内部的智力资本研究团队开发出了自己的智力资本管理工具②。20世纪90年代,在知识经济兴起的大背景下,出现了相当数量的围绕智力资本进行的研究。

对智力资本的研究,有从管理学、会计学、社会学等多个角度来进行,早前对于智力资本的关注,主要来自于对于组织资产的计量问题。原有的组织资产的评估方法(也就是账面价值),难以完全反映组织的真实价值。这其中有很多研究者关注到组织所具有的无形资产在组织的价值构成中所占有的很大比重。从这里延伸开去,出现了诸多的针对无形资产的研究,其中最主要的就是有关智力资本的研究。有关智力资本的研究,主要在概念、结构、测量、报告等方面展开。

从概念来说,智力资本有众多的定义。Edvinsson & Sullivon认为智力资本是可以转化为价值的知识③。这一定义实际上已经概括了智力资本的本质,指出智力资本实质是知识——这里的知

---

① Leif Edvinsson and Michael Shawn Malone, *Intellectual Capital: The Proven Way to Establish Your Company's Real Value by Measuring it Hidden Brain Power*, 1997, Piatkus, London, United Kingdom.

② Gordon Petrash, "Dow's Journey to a Knowledge Value Management Culture", *European Management Journal*, 1996, Vol. 14, No. 4, pp. 365—373.

③ Leif Edvinsson and Patrick Sullivan, "Developing A Model for Managing Intellectual Capital", *European Management Journal*, 1996, Vol. 14, No. 4, pp. 356—364.

识指广义上的知识，已经包含了通常所说的知识、技能和信息。他们还指出了智力资本由结构资本和人力资本构成。智力资本这个概念发展过程中的一位代表人物 Stewart 则认为，智力资本是以知识、信息、经验、智力资产等为代表的智力物质，这些物质能够用于创造价值①。Youndt 等人在研究中这样定义智力资本：组织的智力资本是对组织有用的各种技能、知识、信息的流量和存量的加总②。对于智力资本的定义，目前尚没有一个被大家所认同的定义③，甚至显得有些杂乱④。不同的学者也是从不同的角度出发给出了不同的定义，有的从资本的角度，有的从资产的角度，有的从管理的角度来定义智力资本⑤。

其中具有重要影响力的定义，是由经合组织（Organization for Economic Co-operation and Development，OECD）所做出的。OECD 在 1999 年的报告中认为智力资本是组织拥有的两类无形资产所具有的经济价值，这两类智力资本是：组织资本和人力资

---

① Thomas A. Stewart, *Intellectual Capital: The New Wealth of Organizations*, 1997, Doubleday/Currency, New York, NY, USA.

② Mark A. Youndt, Mohan Subramaniam and Scott A. Snell, "Intellectual Capital Profiles: An Examination of Investments and Returns", *Journal of Management Studies*, 2004, Vol. 41, No. 2, pp. 335—361.

③ James Guthrie, Richard Petty and Ulf Johanson, "Sunrise in The Knowledge Economy: Managing, Measuring and Reporting Intellectual Capital", *Accounting, Auditing and Accountability Journal*, 2001, Vol. 14, No. 4, pp. 365—384.

④ Bernard Marr and Jay Chatzkel, "Intellectual Capital at the Crossroads: Managing, Measuring, and Reporting of IC", *Journal of Intellectual Capital*, 2004, Vol. 5, No. 4, pp. 224—229.

⑤ Bernard Marr and Karim Moustaghfir, "Defining Intellectual Capital a Three-dimensional Approach", *Management Decision*, 2005, Vol. 43, No. 9, pp. 1114—1128.

本[1]。可以看出，OECD在对智力资本进行定义的时候是把概念的结构作为切入点。而有关智力资本的结构存在诸多的框架。

表 2-1　智力资本定义列举

研究者	定义
Hall(1989)	智力资产包括智力产权，也就是专利、商标、注册设计、版权、商誉、组织和个人的网络以及高技术雇员的知识和专长。
Edvinsson and Sullivan(1996)	智力资本是能够转化价值的资本。
Edvinsson and Malone (1997)	智力资本是能够为组织带来竞争力的财产，包括知识、经验、组织技术、客户关系、专业技能等。
Stewart (1997)	智力资本是能被用来创造财富的智力材料，如知识、信息、知识产权、经验等。
Ulrich(1998)	智力资本是能力(Competence)与承诺(Commitment)的乘积。
Bontis et al. (1999)	智力资本是一个用来对组织的所有无形资源及其内部关系进行归类的概念。
OECD(1999)	智力资本是能创造经济价值的两类无形资产：组织资本和人力资本。
Kaplan & Norton (2004)	智力资产包含人力资本（就是技术、才能和知识），信息资本（就是数据库、信息系统、技术设施），组织资本（就是文化、领导风格、分享知识的能力）。

2. 智力资本的结构

有众多的研究者从不同的角度出发，对智力资本的分类和结构提出了不同的分类方法。为了报告和管理智力资本，研究者们提出了多种模型。其中有的被广泛运用，主要包括：无形资产监

① Organisation for Economic Co-operation and Development (OECD), *Final Report: Measuring and Reporting Intellectual Capital: Experience, Issues, and Prospects*, 2000, OECD, Paris.

管模型[①],平衡记分卡[②],斯堪地亚价值模型[③],价值平台[④],智力资本账户[⑤]。在不同的模型框架中,智力资本这一概念所包含的内容不完全相同。就有研究者对智力资本的构成进行了专门的讨论。

对于智力资本的结构,研究者的不同定义主要在两个层面上有差异。一是哪些内容应该涵盖在智力资本这一框架下。Petty & Guthrie 就认为 OECD 对智力资本的定义是便于操作的,其定义把智力资本视为组织无形资本的一部分,并明确了智力资本的范围,而不再是把智力资本视为与无形资产相同的概念。从而能有效地把某些属于无形资产但从逻辑上来说不属于智力资本的资产(如:商誉),区分出来[⑥]。而 Brooking 的框架则认为,智力资本由市场资产、人力资产、智力资产及基础设施资产所组成[⑦]。Haanes & Lowendahl 则从资源的角度来分析智力资本的结构。

① Richard Petty and James Guthrie, "Intellectual Capital Literature Review: Measurement, Reporting and Management", *Journal of Intellectual Capita*, 2000, Vol. 1, No. 2, pp. 155—176.

② Robert S. Kaplan and David P. Norton, "The Balanced Scorecard: Measures That Drive Performance", *Harvard Business Review*, 1992, Vol. 70, No. 1, pp. 71—79.

③ Leif Edvinsson and Michael Shawn Malone, *Intellectual Capital: The Proven Way to Establish Your Company's Real Value by Measuring it Hidden Brain Power*, 1997, Piatkus, London, United Kingdom.

④ Gordon Petrash, "Dow's Journey to a Knowledge Value Management Culture", *European Management Journal*, 1996, Vol. 14, No. 4, pp. 365—373.

⑤ Danish Agency for Trade and Industry (DATI), *Intellectual Capital Accounts: New Tool for Companies*, 1998 (English version), DTI Council, Copenhagen.

⑥ Richard Petty and James Guthrie, "Intellectual Capital Literature Review: Measurement, Reporting and Management", *Journal of Intellectual Capita*, 2000, Vol. 1, No. 2, pp. 155—176.

⑦ Annie Brooking, *Intellectual Capital: Core Assets for the Third Millennium Enterprise*, 1996, Thomson Business Press, London, United Kingdom.

他们认为智力资本可以分为能力资源和关系资源两大类。其中能力资源是完成既定任务的能力，类似于我们所说的执行力。这种能力存在于个人和组织两个层面。个人层面包括知识、技术、态度，而组织层面则包括技术、程序、数据库等①。Gratton & Ghoshal 认为个人的关系、社会网络是人力资本的一个内在部分②。人力资本需要包含个人的社交网络和关系。Subramaniam & Youndt 则基于经验研究认为当今的组织和经济中关系网络的作用强大，不应局限于传统定义，只把教育和能力作为人力资本，而是应该把个人的关系网络也纳入到人力资本当中来③。

另一个层次的问题是，智力资本所涵盖的内容应该分为几类。简单来说，主要有两种观点：一种认为智力资本可分为人力资本和结构资本（或组织资本）；另一种认为智力资本可分为人力资本、组织资本和关系资本（或社会资本）。持前一种观点的研究者，例如 Edvinsson & Malone 将智力资本分成人力资本、结构资本，而结构资本又包含顾客资本和组织资本④。OECD 对智力资本的定义明确界定了其构成。OECD 把智力资本分为两个部分，

---

① K. Haanes and B. Lowendahl, "The Unit of Activity: Towards an Alternative to the Theories of the Firm", *Strategy, Structure and Style*, 1997, John Wiley and Sons Ltd., Copenhagen.

② Lynda Gratton and Sumantra Ghoshal, "Managing Personal Human Capital: New Ethos for the 'Volunteer' Employee", *European Management Journal*, 2003, Vol. 21, No. 1, pp. 1—10.

③ Mohan Subramaniam and Mark A. Youndt, "The Influence of Intellectual Capital on the Types of Innovative Capabilities", *Academy of Management Journal*, 2005, Vol. 48, No. 3, pp. 450—463.

④ Leif Edvinsson and Michael Shawn Malone, *Intellectual Capital: The Proven Way to Establish Your Company's Real Value by Measuring it Hidden Brain Power*, 1997, Piatkus, London, United Kingdom.

一个是组织资本，一个是人力资本①。需要特别说明的是，在OECD的分类中，也把组织资本称作“结构资本”。两个词所指的同一概念，指的是诸如专利、软件系统、供应链等属于组织的无形的资产。而人力资本则是包含了组织内外的人力资源，既包括雇员也包括顾客和供应商等。Roos. et al. 也认为智力资本包括人力资本及结构资本两大部分。其中结构资本包含了关系、组织化、创新与发展三个方面②。Thomas A. Stewart 把智力资本分为人力资本和结构资本。结构资本又包含了组织资本和顾客资本③。也有研究者把顾客资本放到与人力资本和结构资本相同的层面上，认为智力资本是由人力资本、结构资本、顾客资本三个方面构成。后来又发展出人力资本、结构资本、关系资本三维结构。也有研究者（如 Petrash）把智力资本分为人力资本、顾客资本和组织资本三个部分，并且认为这三者之间由知识流相互连接，共同作用创造价值。这一框架不同于其它智力资本的“树状”分支法，而是强调三者之间的联系，特别指出知识在其中流动所产生的作用④。另外还有 Lynn 的智力资本框架则是分为人力资本、关系资本及组织资本三个并列的部分，其中人力资本包括组织成员可使用的知识、技能和能力；关系资本则来自于组织外部且能为组织

---

① Organisation for Economic Co-operation and Development (OECD), *Final Report: Measuring and Reporting Intellectual Capital: Experience, Issues, and Prospects*, 2000, OECD, Paris.

② Johan Roos, Goran Roos, Nicola Carlo Dragonetti and Leif Edvinsson, *Intellectual Capital: Navigating in the New Business Landscape*, 1997, MaCmillan Press, London.

③ Thomas A. Stewart, *Intellectual Capital: The New Wealth of Organizations*, 1997, Doubleday Currency, New York, NY, USA.

④ Gordon Petrash, "Dow's Journey to a Knowledge Value Management Culture", *European Management Journal*, 1996, Vol. 14, No. 4, pp. 365—373.

创造价值的无形资本;组织资本是指除了人力及关系资本外的其它部分[①]。Bontis 则提出把“关系资本”(Relational Capital)作为一个独立的重要成分,与人力资本、组织资本一同构成智力资本[②]。而在有的研究中,组织的这种基于关系和网络的资源则被称为“社会资本”(Social Capital)[③]。

综合以上针对智力资本的定义和分类方法所做的研究,可以看出智力资本主要包含了无形的智力资源,如知识、技能、结构、关系。个人层面和组织层面都存在智力资本的成分。相互结合相互作用共同为组织创造价值。而这其中相互连接的则是知识。

本研究采用运用较为广泛的 Edvinsson & Malone 给出的智力资本定义和结构。本研究认为智力资本是为组织发展带来贡献的智力资产,包括人力资本和结构资本;人力资本是组织中的人员所具有的知识、技能、经验、态度的总和;而结构资本中不依附于人力资源而存在的组织的知识性资产,包括规则、制度、知识库、专有技术、文化特征以及关系网等。有研究者把这种组织知识称为:下班了,所有人员离开组织以后,组织里剩下的那些有价值的知识。组织关系则是组织内外部利益相关者与组织结成的关系,不属于任何个人,而是属于组织的智力资产,因为组织关系

---

① Bernadette E. Lynn,“Performance Evaluation in the New Economy: Bringing the Measurement and Evaluation of Intellectual Capital into the Management Planning and Control System”, *International Journal of Technology Management*, 1998, Vol. 16, No. 1, pp. 162—176.

② Nick Bontis,“Intellectual Capital: An Exploratory Study that Develops Measures and Models”, *Management Decision*, 1998, Vol. 36, No. 2, pp. 63—76.

③ Janine Nahapiet and Sumantra Ghoshal,“Social Capital, Intellectual Capital, and the Organizational Advantage”, *Academy of Management Review*, 1998, Vol. 23, No. 2, pp. 242—266.

网的产生和维系，在本质上也是组织能够掌握和使用的知识。

3. 智力资本对组织绩效的影响

有关智力资本与组织绩效关系的研究，多集中在企业中进行。而在这些研究中多数都报告，智力资本对组织绩效具有积极作用。比如，具有代表性的研究包括Bontis对智力资本与公司绩效的关系进行的研究。该项经验研究的结果显示出，智力资本各个部分对公司的绩效具有显著影响①，而且这项研究还尝试提出了测量组织智力资本的工具，并对这个量表的信度和效度进行了检验。在此之后，Bontis和他的同事运用相同的量表在马来西亚收集了107个公司样本，检验智力资本的各个部分（包括人力资本、结构资本和顾客资本）对公司绩效（包含税后利润等多个财务指标）的影响。结果显示，结构资本对公司绩效的作用明显，而智力资本的其它部分则是通过结构资本对绩效产生影响。研究结果还表明，公司所处的行业对于智力资本与公司绩效间的关系会产生重要的影响。服务行业中智力资本对组织绩效的影响要高于非服务行业中的此类影响②。

在此基础上，还有研究关注智力资本内部各成分之间对组织绩效的作用。比如，Subramaniam & Youndt在研究智力资本与创新能力时，发现智力资本及其内部各构成部分之间的相互关系都影响着组织的创新绩效。并且研究还发现，组织所处的行业环境对于智力资本的作用有影响。这些行业环境因素包括行业的复

① Nick Bontis, "Intellectual Capital: An Exploratory Study that Develops Measures and Models", *Management Decision*, 1998, Vol. 36, No. 2, pp. 63—76.

② Nick Bontis and Jac Fitz-enz, "Intellectual Capital ROI: A Causal Map of Human Capital Antecedents and Consequents", *Journal of Intellectual Capital*, 2002, Vol. 3, No. 3, pp. 223—247.

杂性、动态性等[①]。Chen 等人则检验了智力资本与公司的市场价值和财务绩效之间的关系。结果显示智力资本对后两者都有正向影响，而且能够用智力资本来预测未来的财务绩效[②]。Wang & Chang 在 2005 年的研究也表明智力资本各构成部分都对组织的绩效有直接的影响[③]。Cohen 则使用一知识密集型的中小企业为样本检验智力资本对公司绩效的影响。研究结果表明智力资本会对公司的绩效产生积极的影响。但智力资本的不同成分对组织绩效的影响是不一样的[④]。

在公共部门的智力资本与绩效关系的研究方面，由于公共部门的绩效很难用财务指标进行测量，而且公共部门的目标往往是非单一目标。另外，尽管公共部门也使用人力资源、知识、资金、场地等资源进行运作，但更主要的是运用人力资源及其知识在工作，而且产出主要是难以直接计量的服务。这些特点在一定程度上影响了公共组织采用智力资本管理等一些新的管理思想和实践，也从另一个侧面说明了公共部门组织研究和管理智力资本的

---

① Mohan Subramaniam and Mark A. Youndt, "The Influence of Intellectual Capital on the Types of Innovative Capabilities", *Academy of Management Journal*, 2005, Vol. 48, No. 3, pp. 450—463.

② Ming-Chin Chen, Shu-Ju Cheng, and Yuhchang Hwang, "An Empirical Investigation of the Relationship between Intellectual Capital and Firms' Market Value and Financial Performance", *Journal of Intellectual Capital*, 2005, Vol. 6 No. 2, pp. 159—176.

③ Wen-Ying Wang and Chingfu Chang, "Intellectual Capital and Performance in Causal Models: Evidence from the Information Technology Industry in Taiwan", *Journal of Intellectual Capital*, 2005, Vol. 6, No. 2, pp. 222—236.

④ Wesley M. Cohen and Daniel A. Levinthal, "Absorptive Capacity: A New Perspective on Learning and Innovation", *Administrative Science Quarterly*, 1990, Vol. 35, No. 1, pp. 128—152.

重要性①。尽管如此,还是有学者尝试把智力资本理论运用于公共部门。Sveiby将智力资本理论运用到澳大利亚地方政府的组织中②。Dragonetti & Roos也使用智力资本分析澳大利亚公共部门的机构③。Joia以巴西的公共部门为样本,分析了多种措施对于增加组织智力资本的影响,并显示智力资本对于政府部门组织绩效产生了积极的作用。他认为智力资本在公共组织中发挥着同样或是更加重要的作用④。

但是也有研究认为,智力资本是需要投资的,过度的投资可能并不一定能为组织带来理想的收益。比如,Reed等人在一项以289家银行营业单位为样本的研究中发现,在某些市场中,智力资本以及智力资本内部各个成分之间相互作用的增加没有对公司的收益产生积极的影响,而是减少了收益。"好东西多了也不见得总是好事"⑤。

结合Peteraf & Barney在2003年的一篇文章中对资源基础理论所作的一个解释,可以看到理论和经验证据都表明,包括智力资本在内的资源在增长中都需要考虑经济性和环境因素的影响。

---

① Carlos Serrano Cinca, Cecilio Mar Molinero and Alexandre Bossi Queiroz, "The Measurement of Intangible Assets in Public Sector Using Scaling Techniques", *Journal of Intellectual Capital*, 2003, Vol. 4, No. 2, pp. 249—275.

② Karl Erik Sveiby, "The Intangible Assets Monitor", *Journal of Human Resource Costing and Accounting*, 1997, Vol. 2, No. 1, pp. 73—97.

③ N. C. Dragonetti and G. Roos, "Efficiency and Effectiveness in Government Programmes: An Intellectual Capital Perspective", *In the 2nd World Congress on Intellectual Capital*, 1998, McMasters University, Hamilton, Canada.

④ Luiz Antonio Joia, "Developing Government to Government Enterprises in Brazil: A Heuristic Model Drawn from Multiple Case Studies", *International Journal of Information Management*, 2004, Vol. 24, No. 2, pp. 147—166.

⑤ Kira Kristal Reed, Michael Lubatkin and Narasimhan Srinivasan, "Proposing and Testing an Intellectual Capital - Based View of the Firm", *Journal of Management Studies*, 2006, Vol. 43, No. 4, pp. 867—893.

Peteraf & Barney 认为要把资源基础理论放在战略理论下，以资源的经济性为基础来加以考虑。各种资源只有在经济的前提下获取和增长才能带来竞争的优势。同时还指出对知识、技能、关系等智力资本的内容，都需要放在行业环境中来考虑。在不同的行业环境中，对于不同的知识技能有不同的要求①。

要实现智力资本的高效配置就是要回答“如何经济合理地在有限资源条件下，分配智力资本各个成分之间的配比和功能”。其前提是能够意识到，对每个组织来说，人力资本和结构资本的配置成本是不尽相同的，其发挥的作用也不尽相同。那么从经济学的角度考虑，追求收益的边际成本最小将是配置的原则，也是实现在有限资源约束下效用最大化的途径。

通过分析有关智力资本的研究可以发现，一般认为智力资本对于组织的有效性能产生积极的作用，但是此类作用会受到组织因素的影响。其中，行业因素就是一个重要的因素。因此在分析智力资本对于组织绩效的影响，特别是分析对组织效率的影响时，要考虑行业的因素。那么从何种角度来考察和分析行业因素，行业因素又是如何影响智力资本的成本、收益，就成为管理智力资本的一个重要问题。下面就以“知识”作为切入点来分析讨论这一问题。

二、用“知识特征”分析组织业务

1. 知识与知识管理

智力资本的有关研究已经明确地指出，智力资本最核心的内

---

① Margaret A. Peteraf and Jay B. Barney, “Unraveling The Resource-Based Tangle”, *Managerial and Decision Economics*, 2003, Vol. 24, No. 4, pp. 309—323.

容是知识。是知识在价值创造中发挥作用，知识在个人与组织之间，在组织内外之间的转移和流动形成了智力资本各部分之间的相互联系。对知识和知识管理的研究是智力资本研究中一个主要角度。

“知识”这一概念，有着众多的角度和界定。Davenport & Prusak 对知识的定义较为广义而且更加符合组织运行和管理的实际。他们认为知识是一种具有流动性的复合物，不仅包括结构化的经验、价值以及经过文字化的信息，也包含专家独特的见解，在组织中，知识不仅存在于文件与其它存储介质中，也存在于工作、过程、执行与规范当中①。本研究采用这一定义，来涵盖流动与智力资本间的多种因素，把这些包含了经验、信息、价值观、规则等的复合体视为知识。

对于知识的分类，除了人们所熟知的“显性知识”和“隐性知识”，还有很多研究对知识作了探讨。Badaeacco 把知识分为可移动知识和嵌入组织的知识。可移动知识是指存在于设计之中的知识、存在于机器中的知识、存在于脑海中的可随载体移动的知识；而嵌入组织的知识存在于规范、态度、信息流程及决策过程中的组织知识，难用符号或文字移转②。Nonaka & Takeuchi 把知识分为：技术知识（也就是技巧）和认知知识③。Leonard-Barton 则

---

① Thomas H. Davenport, David W. De Long and Michael C. Beers, "Successful Knowledge Management Projects", *Sloan Management Review*, 1998, Vol. 39, No. 2, pp. 43—57.

② Joseph L. Badaracco, *The Knowledge Link: How Firms Compete Through Strategic Alliance*, 1991, Harvard Business School Press, Boston, MA, USA.

③ Ikujiro Nonaka and Hirotaka Takeuchi, *The Knowledge-Creating Company: How Japanese Companies Create the Dynamics of Innovation*, 1995, Oxford University Press, NewYork.

把知识分为:实体系统、管理系统、员工技能与知识、价值与规范。其中,实体系统是指具体呈现在设备软硬件中的知识,属于组织;管理系统则是可以编码,但在实际运作时需要一些内隐的过程;价值与规范则是关于组织的知识结构及汇集方式的价值观①。

研究者在对知识进行定义和分类的时候,角度有多种。本项研究所关注的是从组织运作或组织管理的角度出发来分析知识。从上面的分析可以发现,在定义知识时研究者是在两个层面上思考,一个是个人层面,一个是组织层面。知识有属于个人的知识,也有属于组织的知识。个人知识就是人力资本的核心要素,而组织知识就是组织结构资本的核心要素。组织内的知识分布在个人和组织之内,通过创造、存储、交流、学习在组织和个人之间流动。组织有意识地管理这些活动,就是知识管理。

知识管理(Knowledge Management)是对组织内各种知识的创造、使用、存储、流动进行的管理活动。如果把智力资本看作个人知识、组织知识的集合,那么知识管理就是组织内部对智力资本的管理。应该说,智力资本中的知识是知识管理的对象,而对智力资本的管理又是与知识管理相互融合的。只不过研究的重点不一样。Badaracco 就曾指出,组织的知识管理需要和组织外部环境相协调,各种措施之间也需要相互协调。最好的起点就是审视组织内那些影响知识获取、交流、创造的因素。这些因素并非完全匹配,而且会随着环境而变化。这些因素包括清晰的目

---

① Dorothy Leonard-Barton, *Wellsprings of Knowledge: Building and Sustaining the Sources of Innovation* (*Ed.* 3), 1998, Harvard Business School Press, Boston, USA, p. 19.

标、恰当的资源和能力等等①。

按照 Davenport & Prusak 的观点，知识管理有三个功用：把知识显性化、发展知识密集型的文化、建立知识使用的基础结构。智力资本与知识管理之间存在重要的联系②。对于公共部门来说，知识管理有着明显的积极作用。根据 Riege & Lindsay 的研究知识管理能够提高公共部门的产出，优化公共服务的配置。具体来说，可以通过增加跨部门、跨层次的信息沟通和交换促进整个系统的效率提升；可以开发新的系统或者更新原有系统从而提升组织整合和使用知识的能力与绩效；可以通过使用经过整合和简化的跨部门信息，来提高决策质量、减小决策风险；可以通过与公众的互动提高服务质量，降低服务成本③。Cong 等人针对中国公共部门的研究显示，高效的知识分享、知识管理对公共部门比对私人部门的组织更加有用、更加重要。研究认为，组织结构、领导风格、资源等因素影响着组织的知识管理④。

有关组织学习的理论已经指出组织自己是不能创造出新知识的，而是要靠人，靠人力资本来创造原创的新知识⑤。个人学习

---

① Joseph L. Badaracco, *The Knowledge Link: How Firms Compete Through Strategic Alliance*, 1991, Harvard Business School Press, Boston, MA, USA, p. 130.

② Thomas H. Davenport, David W. De Long and Michael C. Beers, "Successful Knowledge Management Projects", *Sloan Management Review*, 1998, Vol. 39, No. 2, pp. 43—57.

③ Andi Riege and Nicholas Lindsay, "Knowledge Management in the Public Sector: Stakeholder Partnerships in the Public Policy Development", *Journal of Knowledge Management*, 2006, Vol. 10, No. 3, pp. 24—39.

④ Xiaoming Cong, Richard Li-Hua and George Stonehouse, "Knowledge Management in The Public Sector: Empirical Investigation", *Journal of Technology Management in China*, 2007, Vol. 2, No. 3, pp. 250—263.

⑤ Ikujiro Nonaka, "The Knowledge-Creating Company", *Harvard Business Review*, 1991, Vol. 69, No. 6, pp. 96—104.

和个人知识增长是组织学习的必要但非充分条件。组织的学习并不依赖于任何具体的个人，但是这并不意味着组织学习不依赖于所有个人。组织学习不同于个人学习，但是离不开个人学习[①]。Cohen & Levinthal 就认为，组织吸收新知识的能力是由其原有的知识中产生出来的[②]。正是组织知识的进化路线导致了组织在知识上的差异，进而又影响到组织在未来的学习能力[③]。

从组织学习及知识管理的角度出发，组织知识和个人知识间存在一定的替代性。在组织运行过程中，组织的结构资本所包含的内容与人力资本所包含的内容最终所服务的目的是相同的，都是为了提高组织的绩效。在组织的运行中，两种资本所包含的知识之间存在一定的替代关系。尽管如前所述，组织的知识来自于个人的知识创造，而且最后组织的运行也要靠人的行为来完成。但是如果细细剖析内部的过程，就会发现。当个人知识被组织所接受并组织化以后，这些知识就成了组织的知识。在推行的过程中，一部分人的个人知识就有可能被属于组织的知识所替代。这些知识不会因为少数人的离开而发生变化。组织甚至可以通过购买的形式来发展组织的知识或是结构资本的其他形式。比如邀请咨询机构来完成组织改革的方案。这些结构资本可能从制度上提高了组织的运作效率而减少了某些冗员以前的岗位。从

---

① Daniel H. Kim, "The Link between Individual and Organizational Learning", *Sloan Management Review*, 1993, Vol. 35, No. 1, pp. 37—50.

② Wesley M. Cohen and Daniel A. Levinthal, "Absorptive Capacity: A New Perspective on Learning and Innovation", *Administrative Science Quarterly*, 1990, Vol. 35, No. 1, pp. 128—152.

③ Ikujiro Nonaka and Hirotaka Takeuchi, *The Knowledge-Creating Company: How Japanese Companies Create the Dynamics of Innovation*, 1995, Oxford University Press, NewYork.

这个意思上来说，人与组织之间存在一定的替代关系。

组织形式的发展其实也正好说明了个人知识与制度之间的替代关系。从严格的官僚层级制发展到后来的弹性和柔化的组织，正式组织为了应对外部的不确定性，而将严格的制度用人力资本的灵活性和弹性来替代。发挥人的弹性来补充组织机制的缺陷。在这个过程中，我们所看到的是效率的提升和生产率的提高，这样正好说明了人与制度之间的替代效应。以上的分析是基于整个组织制度发展史来说的，是由无数的组织及其发展共同组成的发展过程。如果我们把讨论的范围具体到处在某一具体时间点上的单一组织来说，人与制度、与组织技术之间的替代效应仍然是存在的。

2. 从知识密集度与知识可重复性两个维度来分析组织业务

前面针对智力资本与绩效关系的研究综述，就发现行业或者业务特征是影响智力资本对绩效作用的一个关键要素。Teece 指出组织在发展中的优势来源于组织开发、拥有、使用和保护那些难以模仿的知识。组织要在业务上获得高的绩效有赖于知识革新的能力、知识保护能力以及使用知识的能力①。

业务是组织的战略选择。不同的业务具有不同的知识特征。比如：制定国家货币政策的机构所运用的知识应该远远高于核发汽车驾驶执照的机构所使用的知识。从知识的重复性上来说，前者所用的知识较少出现重复使用的情况。他们在决策过程中需要根据国际国内的经济运行情况和趋势，及时调整各种政策。各

---

① David J. Teece, "Strategies for Managing Knowledge Assets: the Role of Firm Structure and Industrial Context", *Long Range Planning*, 2000, Vol. 33, No. 1, pp. 35—54.

种内外经济运行数据和政策随时都在变化，而且影响经济运行的因素很庞杂。运用相同的知识是难以执行好组织职责的。而地方的驾照核发机关所运用的知识在一段时期之内是不会有大的变化的。

另外，就算是做相同业务的组织，他们也会有不同的业务知识特征，而这同样是组织的战略选择。当组织的战略已经被定下来以后，组织要做的就是根据组织业务的知识特征来选择相应的策略，从而实现与之相匹配的智力资本配置。

现在的研究都着重认为，知识创造非常重要，而且对于知识创造的管理和技术支持相对来说更加困难。然而不能被忽视的是，有效地使用和重复使用知识能有效地提高组织的有效性和效率，因为创造新知识是困难而且耗费成本的事情①。即使是在需要创新的行业，知识的重复利用也扮演着重要的角色。知识的重复使用起到了基础积累、激发思路的作用，搭建起知识整合到最终实现创新之间的桥梁。Markus 在 2001 年的论文中认为知识过程通常被分为两个步骤：知识创造和知识重复使用。她认为，在知识的重复使用过程中有三个重要的角色，即：知识的创造者、知识的传播者、知识的消费者。这三个角色有时是不同的人在扮演，有时甚至是一个人在扮演②。在这个过程中，组织具有重要的作用。当组织能有效激励员工在三种角色之间进行转化，那么就

---

① Gabriel Szulanski, "Exploring Internal Stickiness: Impediments to the Transfer of Best Practice within the Firm", *Strategic Management Journal*, 1996, Vol. 17, No. 1, pp. 27—43.

② Lynne M. Markus, "Toward a Theory of Knowledge Reuse: Types of Knowledge Reuse Situations and Factors in Reuse Success", *Journal of Management Information Systems*, 2001, Vol. 18, No. 1, pp. 57—93.

能提高组织的效率。Majchrzak 和他的同事把有关知识重复使用的研究分为两类，即关注知识获取和关注知识整合。对一个组织来说，充分利用已有知识的一种办法就是把已有的知识在不同的个体或团队间进行转移①。这样的做法在某些行业中是有利于组织绩效的②。把知识的可重复性运用于业务特征分析，能够有效地对业务特性进行评估。对于重复性较高的业务，组织需要充分利用好已有的知识，不断积累知识，这些都能够更好地提高效率。在本研究中把知识的可重复性界定为知识能够被不同个体在不同条件下使用的特性。这种特性从一个侧面反映了组织需要创造新知识解决新问题的频率，也是行业发展动态性、市场动态性、外围环境动态性的反映。

另一个维度是知识的密集度。这个维度经常被研究者用来表示行业特征。在文献中，知识密集度通常都与研发（R&D）密集度相联系。在许多研究中，就是使用研发投入或者研发人员数量这样的指标来标示一个行业的知识密集度。然而目前仍然没有对知识密集度做出公认一致的定义③。以往针对知识密集度的研究多数都与组织的创新能力和技术领先水平相关。准确地说，知识密集度可以反映一个业务运作过程中需要使用的知识含量，尽

---

① Ann Majchrzak，Lynne P. Cooper and Olivia E. Neece，"Knowledge Reuse for Innovation"，*Management Science*，2004，Vol. 50，No. 2，pp. 174—188.

② Linda Argote，Paul Ingramb，John M. Levinec and Richard L. Morelandc，"Knowledge Transfer in Organizations：Learning from the Experience of Others"，*Organizational Behavior and Human Decision Processes*，2000，Vol. 82，No. 1，pp. 1—8.

③ Kelvin W. Willoughby，"The Affordable Resources Strategy and the Milieux Embeddedness Strategy as Alternative Approaches to Facilitating Innovation in a Knowledge-intensive Industry"，*Journal of High Technology Management Research*，2004，Vol. 5，No. 1，pp. 91—121.

管这些知识不一定全都需要新创造。知识密集度是业务特征的一个主要维度。也有研究把人力资本水平作为知识密集度的量度。这说明知识密集度与人力资本有着密切联系。

在对组织的特征进行测量的时候，有研究者把知识密集度作为组织业务的一个特征进行考察。在变量测量中直接设计题项："知识密集是我们业务的特征"①。有研究者认为对知识密集度这样的无形因素的测量是困难的，而控制住由行业差异引起的变异才是使测量更准确的关键②。这也说明不同的行业在知识密集度这个特征上存在着巨大差异。

这些都说明，知识密集度是组织业务特征的一个重要方面。特别当研究者从知识的角度来分析业务特征的时候，知识密集度甚至成为最主要的讨论维度。也同样是因为知识密集度是组织业务的主要特征，在不同的行业间存在巨大的差异，所以行业因素成为一个影响此类研究的重要因素。Stewart 在分析组织的智力资本的时候，就把知识密集度作为分析的维度。研究者在分析企业的当前和潜在盈利能力的时候，会使用知识密集度来作为一个标准③。有的研究甚至用市场价值和股本的比值来衡量企业的知识密集度。并不是每个组织都能用市场价值来衡量。在这里

① Erkko Autio, Harry J. Sapienza, James G. Almeida, "Effects of Age at Entry, Knowledge Intensity, and Imitability on International Growth", *The Academy of Management Journal*, 2000, Vol. 43, No. 5, pp. 909—924.

② Michael A. Hitt, Javier Gimeno, and Robert E. Hoskisson. "Current and Future Research Methods in Strategic Management", *Organizational Research Methods*, 1998, Vol. 1, No. 1, pp. 6—44.

③ Thomas A. Stewart, *The Wealth of Knowledge: Intellectual Capital and the Twenty-First Century Organization*, 2003, Nicholas Brealey Publishing Limited, New York, USA.

提及这些分析只是为了说明，许多组织虽然同属于一个行业，但是他们所做业务却具有不同的知识密集度。在公共组织的范围内，同样是环境保护部门，但是国家级的环保部门要使用的知识远远多于一个县级环保部门所使用的知识。当在公共部门间分析比较的时候，业务的知识密集度是一个重要的因素，也是诸多管理办法（如薪酬、考核）需要考虑的重要方面。

从上面的分析可以看出，组织所处行业决定了组织业务的特征，即使同一个行业内的组织，其定位不同，业务的特征也不尽相同。当分析组织业务在整个行业中所处的位置的时候，主要看两个方面。一个是知识含量（开发和拥有的知识的范围和数量），另一个就是知识的重复使用状况（使用已有知识的效率）。

当把行业特征纳入分析范围，考虑其对智力资本的影响的时候，就需要从智力资本的最本质内容，也就是知识的角度来剖析行业的特点。本研究设想：当从知识视角来分析组织的业务特征的时候，知识密集度和知识可重复性是在分析业务差异时两个重要的维度。

(1) 知识可重复性与结构资本的关系。

当研究者从知识的角度来审视组织的时候，组织本身就是知识的集合。正如 Spender 所说的，“从本质上说，组织就是一个知识的集合体。这些知识是有关组织的环境、资源、机制、目标、态度、政策等等”①。组织具有重要作用，组织之所以存在，正是为了运用好已经存在的知识。换句话说，组织就是为了使知识得到高效率的重复使用。这也就是社会分工和知识使用所带来的效率。

---

① John-Christopher Spender, *Industry Recipes: The Nature and Source of Managerial Judgment*, 1989, Blackwell, Oxford, p. 185.

并不是所有人都拥有相同的知识，也不是所有人都能有效地使用知识，社会分工就是让最具有某种知识的个人或者群体来重复使用知识生产产品和服务，提高整个社会的总体效率，达到更高的产出。当然在重复使用知识的过程中需要创造新的知识来满足新的需求。而对于知识而言，使用不同的语言来表述，对于其传播和使用的效率会有影响。无论是在个人层面还是在组织层面，组织的结构、规则、程序都会影响到知识迁移和知识整合的潜在可能性①。

尽管有研究者把组织知识管理聚焦在组织学习和组织创造知识上②，而组织存在的更重要的意义就是高效率地运用已经存在的知识③。因为前面提及的知识理论已经明确说明，知识的创造只能通过个人来完成。而组织需要通过交换和学习来获取个人创造的知识，并且高效率地运用。高效地运用就是要以尽可能低的成本来重复地使用知识。

研究者发现，影响知识重复使用的因素包括：用于知识库建设的成本；激励员工创造和使用知识；知识存储和传播的媒介等④。这些因素正是结构资本的内容。这些都说明，结构资本对于知识的可重复使用具有重要影响。

---

① Robert M. Grant，"Prospering in Dynamically-competitive Environments：Organizational Capability as Knowledge Integration"，*Organization Science*，1996，Vol. 7，No. 4，pp. 375—387.

② Barbara Levitt and James G. March，"Organizational Learning"，*Annual Review of Sociology*，1988，Vol. 14，pp. 319—340.

③ George P. Huber，"Organizational Learning：The Contributing Processes and the Literatures"，*Organization Science*，1991，Vol. 2，No. 1，pp. 88—115.

④ Lynne M. Markus，"Toward a Theory of Knowledge Reuse：Types of Knowledge Reuse Situations and Factors in Reuse Success"，*Journal of Management Information Systems*，2001，Vol. 18，No. 1，pp. 57—93.

在知识创新过程中，不光需要获取知识，更需要整合散落于各处的现有知识。比如通过“攻关小组”、“专题小组”、“专项办公室”这样的形式来讨论和总结，从而把隐性的知识总结出来，并把它变为可以储存和重复使用的显性知识①。研究者们认为，整合和重复利用好现有的知识对于知识创新是重要的，而且这样的过程需要多种途径来实现。其中，组织的各种机制是非常重要的②。

知识的增长是一个互动的过程，对组织而言更是这样。Bontis 等人认为组织不是一个被动的知识接受者，当诸多的知识在组织内部相互混合、产生交互作用的时候，就会产生出新的知识，这些知识能够为组织带来价值。知识在个人学习和组织学习之间流动和转化，而组织是知识创新的重要外在机制和氛围③。知识正是在组织的氛围中得到检验和反复地使用。知识作为公共组织最重要的“工作资料”在公共组织内的增长和使用是在运作中完成的，而且组织与外部环境的互动中产生了使用知识的需求，提高了使用的效率。

对组织来说，有效的知识存储和知识管理能从两个方面促进组织发展。首先是有效的知识存储和管理能够提高现有知识的重复使用效率，从而避免为了解决同一问题而重复开发新知识产生的成本，实现知识使用上的规模经济。其次，有效的知识存储

---

① John S. Brown and Paul Duguid, “Local Knowledge: Innovation in the Networked Age”, *Management Learning*, 2002, Vol. 33, No. 4, pp. 427—437.

② Robert M. Grant, “Prospering in Dynamically-competitive Environments: Organizational Capability as Knowledge Integration”, *Organization Science*, 1996, Vol. 7, No. 4, pp. 375—387.

③ Nick Bontis and Jac Fitz-enz, “Intellectual Capital ROI: A Causal Map of Human Capital Antecedents and Consequents”, *Journal of Intellectual Capital*, 2002, Vol. 3, No. 3, pp. 223—247.

和知识管理还能为知识创新打下基础,新知识的产生是过往知识积累的成果,需要在原有知识的基础上通过新的方式进行组合或者创造。提升组织产品和服务的质量,进行知识创新,需要以重复使用已有知识、融合已有知识的不同元素来作为基础①。通过在组织内不同个体、不同部门之间转移和重复使用现有的知识,是有效利用现有知识、提高组织绩效的重要途径,也是组织维持竞争优势的重要方法②。研究者 Cong 等人根据对中国公共部门的研究还认为,公共部门整体上具有较高的知识运用效率也说明了知识要从个人知识上升到组织知识,并且能够在组织内有效的传递,能够有效地提升组织的效率③。

(2) 知识密集度与人力资本的关系。

知识密集度是指组织业务所需知识的含量,包括知识的范围和深度。如果一个组织需要大量的知识创新,那么其知识密集程度也是在不断扩大的。Simon 指出学习与创造只能是由个体来完成,在个体的大脑里完成④。而理论上所说的"组织学习"只能通过两条途径:一是组织从其成员那里学习知识;另一条就是从外部获取掌握某种知识的成员。

---

① Elie Ofek and Miklos Sarvary,"Leveraging the Customer Base: Creating Competitive Advantage Through Knowledge Management", *Management Science*, 2001, Vol. 47, No. 11, pp. 1441—1456.

② Linda Argote, Paul Ingramb, John M. Levinec and Richard L. Morelandc, "Knowledge Transfer in Organizations: Learning from the Experience of Others", *Organizational Behavior and Human Decision Processes*, 2000, Vol. 82, No. 1, pp. 1—8.

③ Xiaoming Cong, Richard Li-Hua and George Stonehouse,"Knowledge Management in The Public Sector: Empirical Investigation", *Journal of Technology Management in China*, 2007, Vol. 2, No. 3, pp. 250—263.

④ Herbert A. Simon,"Bounded Rationality and Organizational Learning", *Organization Science*, 1991, Vol. 2, No. 1, pp. 125—134.

也就是从最根本上说，组织知识的学习和积累只能是通过个人来进行。组织知识存量的增加根本上只能是通过增加人员掌握的知识或者增加掌握知识的人员来获得。首先有了人员掌握的知识，这些知识才能被组织学习和吸收，也才能转化为组织的知识。这就直接表明，组织知识的存量要通过提升人力资本来获得。而对于一个有效率的组织，只能是把有限的资源投入到需要的人力资本之上。业务需要多少知识，组织就投入多少资源用于满足业务的需要。当业务的发展是基于战略考虑的时候，战略定位就直接决定了业务的知识含量。如果战略定位所要求的知识含量超出了组织现有知识的范围，组织就需要通过现有人员的学习掌握或创造新知识来满足，或者通过从组织外获得其他已经掌握了所需知识的人员。而这两种途径都增加了组织的人力资本。当然，这样的增加也是需要投资的。反过来说，当组织的业务进行了调整，当要求知识密集度降低的时候，高效的组织就需要对人力资本作出相应的调整。比如，不再雇佣高学历的人员，裁减过剩的研发人员等等。因为维持一个较高的人力资本同样是需要较高成本的。

人力资本之所以重要，是因为人力资本能够扩大组织的知识含量，也因为只有人力资本才能创新知识，扩大组织知识的范围①。组织中的人员，特别是管理者只有更好地掌握了知识才能使自己抓住和分析问题，开发和评估可选择的行动方案，从而更

---

① Nick Bontisa,"Managing Organizational Knowledge by Diagnosing Intellectual Capital", *International Journal of Technology Management*, 1999, Vol. 18, No. 5—8, pp. 433—462.

好地规划和领导实现更高的绩效①。一系列研究更是证明了人力资本对于组织竞争优势的重要影响②。员工专业技术的发展为生产率提高和组织变革提供了不竭的源泉，因为优秀员工最主要的产出就是"知识"，而知识在生产过程中是不会被消耗掉的③。知识的产生需要具有基础和创新能力的人员，而组织的效率则来源于在运转中高效地使用新产生的有用知识。

有的研究者把人力资本视为个人层面多种因素的组合——遗传、教育、经验、对生活和事业的态度④。但更多的研究者是把人力资本定义为个人拥有的知识、技能、经验、态度的集合。人力资本被认为对于绝大多数的组织都是非常重要的⑤。员工的知识和能力，要转化为服务于实现组织战略的资源，才能成为组织的人力资本。这就要求组织中的个人行动要指向组织战略，要与组织业务的需求相吻合⑥。只有这样才能使人力资本，使知识转化

---

① John-Christopher Spender and Bernard Marr, "A Knowledge-based Perspective on Intellectual Capital", in Bernard Marr (Ed.), *Perspectives on Intellectual Capital: Multidisciplinary Insights into Management, Measurement, and Reporting*, 2005, Elsevier Butterworth-Heinemann, Boston, MA, USA, pp. 183—195.

② Mark A. Youndt, Mohan Subramaniam and Scott A. Snell, "Intellectual Capital Profiles: An Examination of Investments and Returns", *Journal of Management Studies*, 2004, Vol. 41, No. 2, pp. 335—361.

③ Patricia A. McLagan, "Systems Model 2000: Matching Systems Theory to Future HRD Issues", In Deane Gradous (Ed.), *Systems Theory Applied to Human Resource Development*, the American Society for Training and Development Research Committee, 1989.

④ William J. Hudson, *Intellectual Capital: How to Build It, Enhance It, Use It*, 1993, John Wiley, New York, NY.

⑤ Jeffrey Pfeffer, *Competitive Advantage through People: Unleashing the Power of the Work force*. 1994, Harvard Business School Press, MA, USA.

⑥ Patrick M. Wright and Scott A. Snell, "Toward an Integrative View of Strategic Human Resource Management", *Human Resource Management Review*, 1991, Vol. 1, No. 3, pp. 203—225.

为生产和传递价值的资源。

当“知识”被界定为广义概念的时候，就可以把人力资本视为个人层面的知识集合，而且是能够为工作和组织带来绩效的知识。当组织业务的知识广度和深度增大的时候，组织就需要增加人力资本。传统的研究认为，甄选和培训被视为组织获取人力资本的主要途径。甚至在有的研究中直接把培训的范围和深度作为人力资本的量度指标①。然而，无论是从外部获取还是从内部培养，人力资本的取得都需要组织付出相应的成本。而且这个成本有时并不是一个小数目。一个理性的、追求效率的组织应该是开发与其知识需要相适应的人力资本，来满足当前和未来战略业务的需要。在预算约束的情况下，业务所涉及的知识决定了组织合理的人力资本配置量。

组织知识的密集度，其实就是组织业务所用知识的密集度。因为组织的知识都是围绕组织的职责和战略目标来构建的。在研究的操作层面，知识密集度通常都与研发投入或者说研发的密集度相关联。从对知识密集度的研究来看，其实知识密集度与知识创新的研究密切相关。许多组织都会在内部建设研发部门，用于创新组织所需的知识。特别是那些一般意义上的知识密集行业更是如此(如生物工程、计算机工程、咨询行业等)。研发部门通常扮演着“知识库”的角色，负责整理和开发知识。研发部门一般也是组织中人力资本最为集中的部门之一。

对于公共部门而言，特别是高层次的公共部门，其业务要求

---

① John MacDuffie, “Human Resource Bundles and Manufacturing Performance: Organizational Logic and Flexible Production Systems in the World Auto Industry”, *Industrial and Labor Relations Review*, 1995, Vol. 48, No. 2, pp. 197—221.

处理整个国家和社会所面对的诸多公共问题，通常都需要大量各类知识(包括信息)的支持，其知识密集的程度绝不亚于任何一个所谓的高科技行业。公共部门内设置的研究机构、智囊团同样是完成着“研发”这样重大的任务。例如，美国政府部门在1999年就开始设置首席知识官，以管理组织内部的知识获取和知识整合运用。在“9·11”袭击发生后，政府部门更是反省了内部的智力资本管理，在国土安全部新设置了首席人力资本官，负责部门内部的人力资本、智力资本的发展。

需要说明的是，尽管知识可重复使用性低有可能意味着组织需要经常性的知识创新和知识扩张，但是，知识的可重复使用性低并不意味着就一定需要大量的知识创新。知识的可重复使用性与知识创新并不是一个非此即彼的关系。因此，我们认为从理论界定上来说，知识密集度和知识可重复性这两个维度并不存在相关性。需要大量的知识创新也是知识密集度高的表现，但不是知识可重复使用性低的必然表现。知识可重复性高的反面是知识可重复性低，而不是知识创新很多。知识创新多的反面是知识创新不多，而不是知识可重复使用性高。以特殊地形中的非职业向导为例，如果特殊地形在某些自然条件下发生变动(如沙丘的移动)，那么这位向导对于该地区地形以往的认知和知识的可重复使用性并不高。但这并不意味着，这位向导就一定需要根据地形的变动经常更新自己的独特知识。因为他的向导活动可能不是他赖以为生的手段，或只是在特殊条件下(如军事活动)的偶然性的活动。这里只是想说明，知识可重复性低并不意味着一定要去创新知识，而可能只是重复使用此类知识的前提条件非常罕见。此类的例子，在有组织运作的领域非常少见。还有一个例子，某大型博物院的一件罕见的丝织品文物难以用现代技术保存。该件文物在古代经过了特殊处理，致使常规的方法难以实现保护的目的。后来邀请了一位收藏家，尝试使用家传的处理方法对这件丝织品进行了处理，为这件文物多获得了几十年的可保护寿命(但不能最终解决保护问题)。对于博物院来说，通过一定的途径获取了收藏家的知识，增加了组织的人力资本。而从收藏家自己拥有的收藏公司这个角度来看，他的组织拥有的这项知识重复使用性不高，但是他并没有为了获取这项业务而创造新的知识。只是，如果他的组织一直依靠这项知识来生活，那么生计可能就会比较困难了。这样的例子非常少见，是因为在现代社会竞争条件下，那些既不能高效重复使用知识也不能创新知识的组织是很难有生存空间的。因为那样的活动是难以为社会带来价值的。

但是在不具有竞争条件的公共组织中，是存在这样的情况的(业务具有低知识密集度和低知识可重复性)。比如：因为某项具有重大影响的事件，而专门成立了一个组织(如某某办公室、某某项目办)，这样的组织所要解决的问题并不是经常出现的，其知识并不具有很高的重复使用性，但是他们所要使用到的知识并不是全新的，而是组织已经具有的。也许组织已经具有使用传媒进行宣传的知识，能够应付各种各样的新闻发布会，但是由于某些原因，其知识在组织存在的多年里只使用了一次，重复使用性很低。这些特征都是由组织的职责和业务要求所决定的。

对知识密集度的研究主要集中在商业领域内，如 Autio 等人把“知识密集度”(Knowledge Intensity)定义为公司在多大程度上依靠其活动和产品所含有的知识来作为竞争优势的来源[1]。Miller & Shamsie 的研究发现知识密集所产生的积极作用主要存在于具有动态性的环境中。他们研究发现,基于知识的资源在动态的环境中与组织的绩效存在正向关系,而与资产相关的资源则在稳定的环境中产生积极的作用。他们的研究有效地说明,组织业务的知识密集程度与其环境的动态性存在密切的联系[2]。而相关研究已经显示,人力资本的水平直接与组织适应动态环境、吸收新知识的能力相关[3]。正是由于业务的知识密集度是直接由行业所处的环境所决定的,为了适应动态环境下要求具备的较高的知识密集度,本研究认为,具有高的密集度的业务就需要有高的人力资本与之相匹配。

在不确定的环境中,组织需要更多具有更高技能的员工,特别是需要具有开发新知识解决新问题能力的员工。这些都是人力资本的积累。环境的不确定性,集中体现在行业环境的变化上,也体现在组织业务的定位上。比如说,在服务对象的需求快速变化、服务范围迅速扩张的环境下,就要求组织具有范围更广、含量更高的知识才能应对环境变化带来的新要求。

以 2008 年的"婴幼儿奶粉含三聚氰胺"事件为例。市场上奶

---

① Erkko Autio, Harry J. Sapienza, James G. Almeida,"Effects of Age at Entry, Knowledge Intensity, and Imitability on International Growth", *The Academy of Management Journal*, 2000, Vol. 43, No. 5, pp. 909—924.

② Danny Miller and Jamal Shamsie,"Learning Across the Life Cycle: Experimentation and Performance among the Hollywood Studio Heads", *Strategic Management Journal*, 2001, Vol. 22, No. 8, pp. 725—745.

③ Mark A. Youndt, Mohan Subramaniam and Scott A. Snell,"Intellectual Capital Profiles: An Examination of Investments and Returns", *Journal of Management Studies*, 2004, Vol. 41, No. 2, pp. 335—361.

粉检出三聚氰胺,并且此类产品已经对大批婴幼儿身体产生了无法逆转的伤害,然而此前的乳品质检标准和方法却没有将三聚氰胺列入要求检测的物质。新出现的情况对于质量检查部门来说,是环境变化带来的新要求。业务范围在短时间内,有了快速的变动。为了在短时间内,拥有该项检测业务的能力,同时能够帮助各地质检部门快速具备该项业务能力,国家质检总局迅速形成了《原料乳与乳制品中三聚氰胺检测方法》国家标准并公布[①]。由于国家和地方质检部门的技术设备无法满足现实的检测需要,国家质检总局还发布了公告征集可检测"三聚氰胺"的食品检测机构[②]。类似这样的做法为那些检测力量薄弱的地方质检部门,提供了从标准上、技术上、人员上快速获取相应能力的途径。

使用本研究的框架进行分析就会发现,由于业务范围(检测原料乳与乳制品中的三聚氰胺)在短时间内扩大,而且这是一项全新的业务,所以业务的知识含量在以前的基础上有所扩大,需要有一定的具有该项检测知识的人员来进行支持。这对组织的人力资本提出了更高的要求。同时,通过分析可以发现,检测三聚氰胺这项业务不是暂时的,也不是偶尔的,而将是以后工作中一项常态性的业务内容。因此,制定出检测标准、检测方法,开发检测仪器,将避免各个地方为开发检测方法、标准而耗费的成本,也就是降低了整个系统获取知识、重复使用知识的成本。这就是在发展结构资本,提高重复使用知识的效率。而且结构资本在一

---

① 2008年10月7日国家质量监督检验检疫总局在其网站发布了相关的标准。标准的具体文本公布在下列网址:http://www.aqsiq.gov.cn/ztlm/nf/xgbz/200810/t20081008_92559.htm。

② 公告具体内容详见:国家质检总局2008年第109号《关于征集可检测"三聚氰胺"的食品检测机构信息的公告》。

定程度上替代了人力资本，解决了地方质检部门人力资本不足的问题。

从上面的分析可以看出，业务特征的变化引起了业务知识特征的变化。业务的知识密集度、知识可重复性则为组织的人力资本和结构资本提出了具体要求。对于组织来说，是发展人力资本还是发展结构资本，由其成本收益的衡量来决定。如果人力资本可以标准化计量，对于不同的组织来说，获取一个单位人力资本所花费的成本是不一样的。比如：国家质检总局可以直接在其拥有的技术队伍中找到能够开发检测方法的人员，而对于很多地方的质检部门可能难以在短时间内获得需要的相应人才，如果引进相应的人员，则人力资本的单位成本会较高。不同的组织获取单位结构资本的成本也是不一样的。当组织在作出人力资本和结构资本配置决策的时候，需要考虑获取两种资本的成本及其效果。如果两者在一定条件下是可以替代的，那么一个讲求效率的组织则会倾向于发展一定效果条件下成本较低的那种资本。

尽管所有新的知识的产生都要依赖于人，结构资本的发展也是依赖于人力资本的发展，但是对一些组织来说为了完成一定的任务，其人力资本和结构资本之间存在一定的替代关系。比如，为了完成“乳品检测”这样的任务，一个质检机关可以选择培训已有人员掌握新的监测方法，或是可以通过从外单位调入或者借用具备相关知识的人员。也可以在直接引进具有该项检测功能的仪器。在一定的资源预算约束条件下，组织应该选择达到同样效果条件下成本较低的途径。这样，我们发现，不同层级或地方的组织可能在引进人还是引进仪器的选择上存在一定的差异。对于像国家质检总局这样的单位，它所肩负的职责以及其拥有的条件决定了，其在两个方面都要有所发展。不光要有人掌握此类知识，还要把这样的知识标准化以后转移到各级质检部门。基层的质检部门则是直接使用已经开发出来的检测标准，或者使用已经成型的检测仪器，会是较为经济的选择。因为基层的质检部门要获得开发相关知识的人力资本就需要付出巨大的成本，而直接使用已经被组织化的知识可以节省大量成本。当我们把整个质检部门的各级组织作为一个体系来看的话，组织化、标准化的知识可以以极低的资源消耗从上级获得，直接进行重复使用就可以完成任务。在有限资源约束下，不同的组织会根据其效果成本比的衡量来作出投资决策，是向人力资本投资还是向结构资本投资，取决于业务的知识特征，也取决于组织的在资源获取和使用效率方面的差异。

三、人力资源开发与智力资本发展

1. 人力资源开发的职能

人力资源开发的价值在于它对人、对组织和对社会的积极作用[①]。20世纪70年代，Nadler提出了人力资源开发的三种主要角色：培训（Training）、发展（Development）和教育（Education）[②]。1983年美国培训与开发协会（American Society for Training and Development，ASTD）组织了以McLagan为首的多位研究者对人力资源开发的职能范围进行研究，被称为卓越模型（Models for

---

① 萧鸣政编著：《人力资源开发的理论与方法》，北京：高等教育出版社2004年版，第14页。

② Leonard Nadler, *Developing Human Resources*, 1970, Gulf Publish, Houston, TX, USA.

Excellence)。研究提出了组织人力资源开发工作者的15个角色。其中特别提出了“战略者”这个角色。标志着人力资源开发者开始关注战略，并主动与战略相结合。把人力资源开发从被动的从属角色，提升到了具有战略意义的地位。

1989年，ASTD再次组织对人力资源开发的角色进行研究，并提出了新的职能模型，界定了人力资源开发者的11种角色。其中特别要说明的是战略者的角色被赋予了新的定义，成为“影响和支持组织的变化”。这种变化表明了人力资源开发工作者不应该只是简单地执行已经定型的战略，还应该参与到组织战略的制定过程中。也表明了人力资源开发者需要系统地思考整个组织的问题。虽然1983年的研究和1989年的研究都是面向未来的具有前瞻性的研究，但是两次研究所处的环境和对未来关注的重点存在明显的差异。1983年研究的关注重点是技术创新对未来人力资源开发所产生的影响。而1989年的研究则是更加关注市场变革和全球化对于人力资源开发的影响①。

1996年McLagan再次撰文，讨论了在信息技术革命、利益相关者需求变化、民主发展等环境因素的快速变动条件下，无论是私营部门还是公共部门的人力资源重要性更加凸显。人力资源开发也就更加显现出在动态环境中开发动态资源的作用。她认为人力资源开发者的角色有新的变化，提出了9种新的角色②，包括：

---

① Patricia A. McLagan，“Models for HRD Practice”，*Training and Development Journal*，1989，Vol. 43，No. 9，pp. 49—59.

② Patricia A. McLagan，“Great Ideas Revisited：Creating the Future of HRD”，*Training and Development*. 1996，Vol. 50，No. 1，pp. 60—65.

- 人力资源战略指导者(HR strategic advisor)
- 人力资源系统的设计者和开发者(HR systems designer and developer)
- 组织变革顾问(Organization change consultant)
- 组织设计顾问(Organization design consultant)
- 学习项目专家 (Learning program specialist)
- 指导者/协助者 (Instructor/facilitator)
- 个人发展和职业的顾问(Individual development and career consultant)
- 绩效顾问(Performance consultant)
- 研究者 (Researcher)

这里值得关注的是"学习项目专家"和"指导者/协助者"这两个角色。这两个角色都是直接针对个人和组织的学习而设的。具体来说,"学习项目专家"这个角色被定义为发现学习需求、设计开发结构性的学习项目和材料,并通过多种媒介进行传递以满足个人和组织学习的需要。这个角色合并了1983年和1989年研究中的多个角色。包括:任务分析者、需求分析者、项目设计者、材料开发者以及媒体专家。人力资源开发者需要快速地在以前的多个角色间进行衔接和转换。而这样的要求是从传统的培训方式到自主式、交互式学习的变化所引发的。另一个角色,"指导者/协助者",则更多要求持续地帮助个人和团队学习,并通过学习解决工作中的问题。主要是要建立起组织内部个人之间、团队之间以及组织与外部进行沟通学习的条件,包括建立起有助于学习的关系网。通过学习使个人和团队扩展、更新工作视角和工作方法,适应变化的工作要求。

这些新的变化都是在整个90年代“组织学习”、“智力资本”研究兴起的大背景下形成的。人力资源开发的职能和定位是随着时代发展和环境变化而不断发展的。在新的社会环境、市场环境、技术环境下，人力资源开发的从业者需要站在战略的高度来思考组织中的个人以及个人与组织的互动。其中就包括了个人学习和组织学习。人力资源开发的最终目的是组织发展和组织绩效。而在快速变化的环境中，学习成为实现绩效和发展的必要途径。人力资源开发关注的重点转向了人与组织的有效结合和互动。支持、帮助组织和个人学习成为人力资源开发者的重要职责。人力资源开发者需要统筹有助于学习的各类软硬件，包括数据库、知识媒介、讨论学习的制度、知识传递的途径、学习型的关系网络、有助于知识转化的氛围等等。如果从智力资本的结构来分析，人力资源开发者的角色，从传统的人力资本投资（培训和开发）已经转向了既要投资人力资本也要投资和建设结构资本（如组织知识库、学习的制度化、促进知识传递的组织文化等）。关注组织、关注知识、关注学习成为人力资源开发的趋势。

服务于组织运转的知识可以被视为既具有个人特征也具有组织特征的核心因素。知识的分析为组织业务和人力资源研究之间建立了一个共同的基础。知识这一概念把两个领域联系到了一起。正如研究者所说，战略研究为理解知识对于组织发展所具有的价值提供了基础，而人力资源领域则是要研究如何在个人、组织之间生产、存储和传递知识[①]。未来更要研究如何来管理

---

① Patrick M. Wright, Benjamin B. Dunford and Scott A. Snell, “Human Resources and the Resource Based View of the Firm”, *Journal of Management*, 2001, Vol. 27, No. 6, pp. 701—721.

这些知识。人力资源开发职能在近些年来的变化和扩展则为此类研究提供了可供选择的视角。

2. 人力资源开发策略

Swanson在讨论人力资源开发的理论建构时，讨论了人力资源开发的定义。他认为，人力资源开发就是通过组织发展（Organization Development，OD）、人员培训和开发（T & D）来发展和释放人的专业技能从而达到提高绩效的目的①。在做这个定义时，研究者还特别强调这里的绩效既包括组织层面的绩效，也包括工作程序层面的绩效，还包括个人/群体层面的绩效。个人的培训和开发是为了提高个人的绩效。而且组织发展作为一个系统性的工程，包含在人力资源开发之中。这个定义明确地说明了，人力资源开发不仅是对人的开发，还是对组织的开发。不仅要发展个人的知识，还要发展组织的知识，目的是为了各个层次的绩效都获得提升。人力资源开发不仅要开发人力资本，更要开发组织的结构资本。把人力资本和结构资本的发展进行系统性的规划。

战略性人力资源开发的出现是20世纪90年代的整个世界环境都发生了深刻变化的结果，全球化和信息技术在全世界的快速扩散是这些变化的起因。有研究者把战略性人力资源开发界定为促进组织使用一系列培训、开发、学习策略来帮助支持组织战略，同时影响组织战略的形成。战略性人力资源开发和管理所包含的一个内容就是内部的这种协调关系。战略人力资源理论发展经过了"普适观"（Universal）和"权变观"（Contingency），再到

---

① Richard A. Swanson, "Human Resource Development and Its Underlying Theory", *Human Resource Development International*, 2001, Vol. 4, No. 3, pp. 299—312.

“构型观”(Configuration)的发展历程。这一过程体现了研究者对于人力资源系统的认知越来越丰富，理论研究越来越向现实逼近。Wright 和他的同事曾提出一个战略人力资源系统的基本内容模型，就认为战略人力资源由三个主要部分组成：一是人力资源管理实践系统，包括员工队伍建设、培训、薪酬、考核等内容。在这个系统中，一方面应做到内部各项措施之间相互匹配(横向整合)，同时又与组织战略、文化及其它相关实践相匹配(纵向整合)；二是人力资本积累系统，包括组织战略要求的知识、技能、能力；三是组织成员关系和行为，包括心理契约、工作所要求的行为、自觉行为、组织公民身份等。企业只有致力于这三个方面的持续创建和努力，才能获得持续竞争优势①。战略性人力资源开发强调开发措施对组织战略的支持，与组织战略的协调。其实这些理念和研究方法实际上是在包含了人力资源管理和人力资源开发的“大人力资源系统”中发展起来的。比如，有研究者就从人员特征入手，分析了不同的人力资源措施集合对于不同的人员类型具有的效果。认为不同职位上的人员在重要性和稀缺性上有差异，分别采用不同的雇佣模式和人力资本配置方案才能获得更好的管理效果和更高的效率②。也有研究者认为人力资源开发中对于人力资源的配置就是处理人与生产资料、人与岗位知识要

---

① Patrick M. Wright, Benjamin B. Dunford and Scott A. Snell, “Human Resources and the Resource Based View of the Firm”, *Journal of Management*, 2001, Vol. 27, No. 6, pp. 701—721.

② David P. Lepak and Scott A. Snell, “Examining the Human Resource Architecture: The Relationships among Human Capital, Employment, and Human Resource Configurations”, *Journal of Management*, 2002, Vol. 28, No. 4, pp. 517—543.

求、人与组织的各种关系[1]。更有研究者直接考察不同的人力资源措施类型对于智力资本的作用,借以解释人力资源工作对于组织绩效的贡献[2]。

有研究者认为,以往战略人力资源开发的定义关注的是人力资源开发对组织战略的响应,关注的是“纵向匹配”。而一个成熟的人力资源开发系统是需要既有“纵向匹配”(即组织战略的支持和响应),也要有“横向匹配”(也就是人力资源开发系统内部各个成分之间的匹配)。各个成分之间的匹配之所以重要是因为,一系列相互协调的措施之间是相互影响和相互支持的,是共同作用的。如果其中的措施缺乏协调性,则会造成相互影响,效果相互抵消,甚至会从基础上损坏整个人力资源开发系统[3]。人力资源开发和人力资源管理在实践中,并没有存在非常明显的界限。特别是规模不算很大的组织更是这样。因此有必要充分地把人力资源开发与人力资源管理的各项措施协调起来,达到相互促进、统筹协作的效果。比如,“培训”这种传统上最典型的人力资源开发活动,需要有相应的考核办法、薪酬激励措施的配合,才能实现从知识学习到知识使用,再到绩效提升的完整过程。

对于人力资源开发来说,需要有战略性的整合。在人力资源开发内部来说,需要各种人力资源开发措施之间相互协调形成能

---

① 萧鸣政编著:《人力资源开发的理论与方法》,北京:高等教育出版社 2004 年版,第 154 页。

② Mark A. Youndt and Scott A. Snell, “Human Resource Configurations, Intellectual Capital, and Organizational Performance”, *Journal of Managerial Issues*, 2004, Vol. 16, No. 3, pp. 337—360.

③ Martin McCracken and Mary Wallace, “Exploring Strategic Maturity in HRD-Rhetoric, Aspiration or Reality ?”, *Journal of European Industrial Training*, 2000, Vol. 24, No. 8, pp. 423—467.

发挥协同作用、创造整体功能的一系列措施。在外部来说，需要与其相关的各项管理职能进行协调和匹配。特别是需要与人力资源开发的各项措施相协调。既有战略导向性，又有内部协调性的人力资源开发措施共同构成了人力资源开发策略。每一种人力资源开发策略就是一群具有协调性且具有相同导向性的开发措施。

通过对人力资源开发的职能和人力资源开发策略的综述，可以发现，人力资源开发的一个发展趋势就是其职能的扩展，不仅关注人力资源，也要关注人力资本、智力资本，承担起发展组织的智力资本的责任。另外一个趋势就是人力资源开发活动向着战略性延伸。这种战略性不仅体现在人力资源开发活动与组织的战略和外部特征的协调上，也体现在各种开发措施之间的具有导向性的协调上。具有相同目标、彼此之间相互协调的一组人力资源开发措施，就可以形成一种具有导向性的策略。组织在进行人力资源开发活动时，根据需要选取一组具有协调性的开发措施，可以有效地利用各种措施的协同效应，提升人力资源开发措施的整体效能。因此建立起具有明确导向性、具有协调性的多种人力资源开发策略，将有助于实践的发展。

四、理论总结

从以上综述中，可以看到智力资本对于组织发展具有重要作用，也能发现知识特征是分析智力资本与组织业务、组织战略相互关系的重要切入点。在知识特征方面，从知识密集度和知识可重复性两个维度来分析组织的业务特征是可行的。而且这两个特征与人力资本、结构资本之间具有对应作用关系。智力资本配置时,可引入"组织业务特征"作为影响变量。

人力资源开发策略具有调节智力资本配置形态的作用,而在配置过程中,需要支持和服务于组织的业务。人力资本的配置需要考虑业务知识密集度的状况,而结构资本的配置也要考虑知识可重复性的状况。智力资本的形态直接影响到效率。基于对相关文献的分析,本研究设想,组织业务的知识特征与组织智力资本的"匹配"将会对组织绩效产生作用。另一个方面,人力资源开发的策略,可以是一组具有协调性的人力资源开发措施。不同的策略类型融入了对组织中不同特征的考虑,会有不同的效果。发展出多个针对组织智力资本发展的,具有不同导向性的人力资源开发策略,将能调节组织的智力资本配置状态,为提高公共组织绩效服务。

第三章　模型建构

一、研究框架

根据以上对以往研究和文献的回顾与分析，本研究提出以下的分析框架。此框架是从智力资本的视角来分析。智力资本是将人力资源开发策略与组织业务进行结合的中枢，其直接作用于组织的绩效。本研究设想，组织智力资本与组织业务的知识特征的“匹配”将会对组织绩效产生积极作用，而具有不同导向性的人力资源开发策略，将能调节组织的智力资本直接为组织绩效服务。框架的构成，就是要通过分析组织业务的知识特征，选择符合组织需要的人力资源开发策略来调整智力资本配置形态，实现智力资本与知识特征的匹配，进而促进组织绩效。

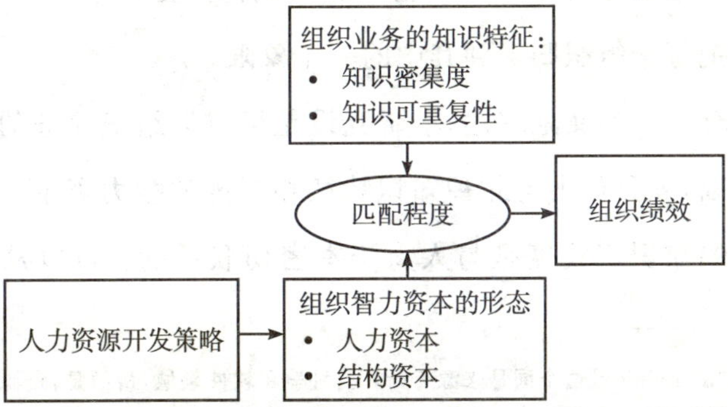

图 3-1　研究设计框架

总的来说，本研究设想，公共组织智力资本的形态与业务知识特征之间的“匹配”程度直接影响公共组织的绩效。

本研究认为智力资本由人力资本和结构资本两部分构成。智力资本形态指的是组织在人力资本与结构资本两个方面的存量水平及其相互配比，也就是智力资本的配置状态。本研究假设，当组织的智力资本形态与组织业务的特征所需要的状态相一致或接近的时候，能促进智力资本对组织绩效的作用力度；但组织的智力资本形态与业务特征所要求的状况不一致或不接近的时候，智力资本对组织绩效的贡献就会减弱。

二、智力资本匹配模型

本研究提出从知识特征的两个维度来分析组织核心业务的知识特征。这两个维度是：知识密集度（Knowledge Intensity, KI）和知识可重复性（Knowledge Reusability, KR）①。这两个维度结合在一起，并且根据两个维度的水平高低不同，可形成一个矩阵，具有四个象限，分别表示组织核心业务的知识特征的四种组合。测量和分析每个组织业务的知识特征在两个维度的水平，就可以把每个组织归入到其中的一个象限。

结合前面的文献综述，本研究设想可以以组织业务的知识特征为基础，来分析出与此种知识特征相匹配的智力资本形态。组织业务的知识密集度是与人力资本密切联系的。可以从知识密

① “Reusability”这个词是来源于计算机科学和软件领域，指的是，资源或者编码能够被重复使用，而不发生变化的特性。这个词也被用于“知识”研究，主要指某些知识可以被反复地使用。准确地说，在本研究中应该把这一维度称作“知识的可重复使用性”，但是为了表达的便捷，简称之为“知识可重复性”。

集度这一维度，推演出人力资本所应该具有的水平。当组织业务具有较高知识密集度的时候，需要组织具有较高的人力资本。当组织具有较低的知识密集度的时候，只需要组织具备不高的人力资本即可。而当组织具有较高的知识可重复性的时候，需要组织具有较高的结构资本。按照这一假设，本研究发展出一个分析知识特征与智力资本"匹配性"四象限模型。在模型中可以直观地看到，具有不同的业务知识特征的组织所要"匹配"的智力资本状态。具体关系如图 3–2 所示。

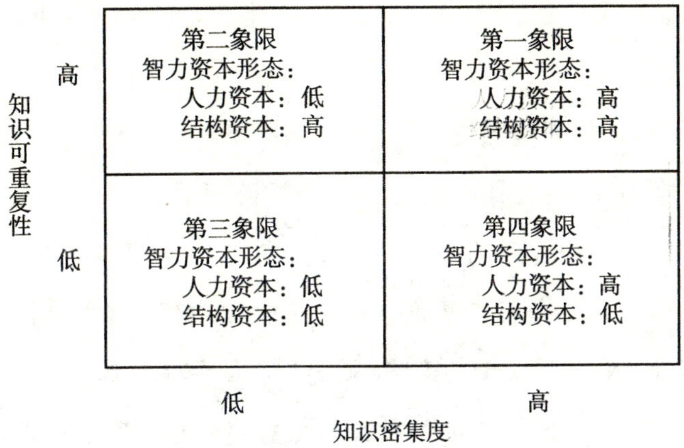

图 3–2　智力资本与知识特征匹配性的四象限分析模型

举例来说，按照本研究的假设，如果一个公共组织的业务特征是较高的知识密集度、较高的知识可重复性，其可归入第一象限的组织。具有这样特征的组织，如果具有较高的人力资本和较高的结构资本，则其组织的绩效会较高。

从研究操作的角度来说，这里设想的是一种"匹配"(Fit)，是组织的智力资本状态与组织业务知识特征之间的匹配。当组织的智力资本状态与组织业务的知识特征相匹配时，智力资本能为组织带来更高的绩效。当不匹配时，智力资本的建设不能够为组织带来高绩效。

三、通往"匹配"的人力资源开发策略

本研究的第二部分设想则是：组织的人力资源开发策略能直接对人力资本和结构资本施加影响。当组织运用人力资源开发策略工具调整智力资本时，上面的矩阵就给出了调整的方向。

正如，存储牛奶的罐子里装着液体，操作人员对储量的控制是通过出料和入料阀门这样的工具实现的。操作人员进行操作的时候，需要明白自己操作的目标是什么，才能知道如何操作。而操作目标是根据生产需要计算出的一个储量目标值。有了这个目标值，操作人员才能判断应该是开大还是关小各个阀门。

在本研究中，上面提出的四象限矩阵正是分析出目标方向的工具。它以组织业务的知识密集度和知识可重复性作为标尺，分类得出组织在智力资本配置过程中达成"匹配"需要的状况。

另外，人力资源开发策略，就是"工人手中的阀门"。通过这个工具，就能调整组织的智力资本配置，使其向着需要的方向发展。根据战略人力资源的理论以及文献综述部分讨论的相关研究，战略性的人力资源开发既要求人力资源开发与组织的战略、组织的特征相协调，也要求人力资源开发的各种措施之间具有协调性，也就是人力资源构型观所持的观点。按照这一思路，不同类型的措施会分别结合在一起构成策略。每一种策略是具有相同作用方向并具有内部协调性的一套措施。不同的策略会产生不同的效果。如果一个组织需要使用人力资源开发措施来帮助实现战略的时候，组织需要更多地分析人力资源开发与组织战略、组织特征的匹配性，进而做出决策。因此本研究设想，针对每

一类智力资本形态，都存在一组相互协调的人力资源开发措施，或称为一种人力资源开发策略。对应四类智力资本形态，本研究提出了四类人力资源开发策略。分别是：平衡发展型人力资源开发策略、结构导向型人力资源开发策略、收缩型人力资源开发策略、人员导向型人力资源开发策略。

本研究设想，根据组织核心业务的知识特征，选择对应的人力资源开发策略，就可以促进组织实现智力资本与业务知识特征的匹配程度，进而提升公共组织的绩效。

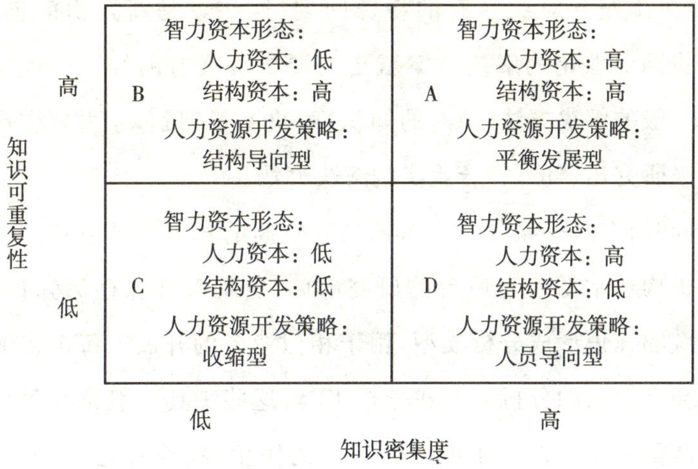

图 3-3　人力资源开发策略与四象限分析模型

以下是对四象限分析模型的具体解释：每个组织，根据其核心业务的知识特征差异，会处于矩阵的某一个象限中。在模型中每一个象限都列出了“业务知识特征”，“相匹配的智力资本形态”，“对应的人力资源开发策略”三个方面的信息。

A　**第一象限**

A—1 **业务的知识特征：高知识密集度和高知识可重复性**

第一象限位于矩阵的右上方。处在这一象限的组织，其业务具有高知识密集度和高知识可重复性的特征。此类组织的业务包含了大量的知识，在所使用知识的范围和深度上高于其他行业；或者是经常需要开发新的知识来解决新顾客或者环境中出现的新问题、新需求。以提供咨询服务的公共组织为例，其业务就是要为每个服务对象提供个性化的解决方案，解决服务对象在现实中存在的问题。每次服务都要进行知识的创新，使用已有的分析方法来分析出服务对象存在的问题，并结合服务对象的实际情况，提出具有适用性和可操作性的解决方案。结合服务对象的特征，分析出服务对象具有的特殊问题，这些就是新知识的创造。而要找到个性化的解决方案就更需要扩展现有的知识。也正是因为一般的解决方法(原有的知识)解决不了问题，才需要咨询机构出来研究出新的、符合现实的解决办法。

同时，在这一象限的组织还具有较高的知识可重复性。例如咨询机构通常都会有后台的研究部门，负责整理和存储知识，并把相应的知识形成分析模型，用于相似业务的开展。每个咨询机构都会有自己的分析模型和分析工具，这些工具一般是在每个项目团队重复使用的。正如对症下药的医生，在诊断之初，他们都会使用已经成型的理论，把病人归入某种特定的病症类型。在这个过程中，医生使用的知识是已经被反复验证的知识或理论。再举一个公共部门的例子，就是国家统计局。统计局的职能包括："建立健全国民经济核算体系和统计指标体系，制定全国统一的基本统计制度；拟定国家统计标准；审定部门统计标准；组织管理全国统计调查项目，审批各地区、各部门的统计调查计划、调查方案。研究提出重大的国情国力普查计划，经批准后组织实施；统一组织各地区、各部门的社会经济调查，汇总、整理全国的基本统计资料；对国民经济、科技进步和社会发展等情况进行统计分析、统计预测和统计监督，向党中央、国务院及有关部门提供统计信息和咨询建议。统一核定、管理、公布全国性的基本统计资料，定期向社会公众发布全国国民经济和社会发展情况的统计信息。”①统计局的业务具有较高的重复性。尽管众多数据库的数据收集周期有差异，有的长有的短，但总体来说，一项调查（或一项指标）只要开始运行，就需要常年地持续和重复下去，需要反复收集同类信息。从另一个侧面看，统计局的业务具有很高的知识密集度。首先是其统计范围比较广泛，涉及社会的各个方面，如：经济、人口、军事、科技、文教、卫生等。统计局在履行职能时，需要深入掌握各个专业领域的知识，才能选取具有代表意义的统计指标，做好统计工作。伴随经济社会的快速发展，需要开发编制多种新的统计指标来为社会服务。这些工作都涉及范围广且具深度的专业知识。统计业务具有高知识密集度的特征。

A—2 相匹配的智力资本形态：高人力资本和高结构资本

在第一象限所列的业务特征下，较高的知识密集度需要有较高的人力资本相匹配，较高的知识可重复性则需要有较高的组织资本与之相匹配。前述的文献已经说明，具有较高知识密集度的组织，往往需要具有较高人力资本。因为按照知识理论的一般观点，知识只能是由具有智慧的个人来创造。是人的智慧开发出了分析问题、解决问题的办法，并把这些办法变成了知识。由于知识存在新陈代谢，知识密集度高的行业一般知识代谢的速度也比较快，外部环境的变动也比较快。这就意味着，知识密集度高的

---

① 引自国家统计局官方网站中所列职能的第2、3、4项。源于以下网址：http://www.stats.gov.cn/jgzn/2006_zhineng.htm

组织需要开发新知识来保持在行业中的地位，也需要新知识来适应快速变化的环境。而知识只能由个人来创造，较高的人力资本才能保持住较高的知识密集度。当然，组织知识和个人知识之间是存在互动和转化的，后面的论述会分析到结构资本与人力资本的替代和转化对于组织的影响。同样还是以咨询机构为例，机构里面充满了研究和创新，这些工作都需要具有较高知识和经验的人员来完成。我们通常所看到的研究机构和咨询机构，这些充满知识创新的组织，其人力资本在所有行业里处于较高的水平。

同时，由于这一象限里的组织具有较高的知识可重复性，需要有较高的结构资本与之相匹配。任何追求效率的组织都会通过一定的手段来节约反复使用知识产生的成本。知识可重复性越高，越需要有相应的程序、媒介、措施来保障知识的重复使用，降低重复使用知识产生的成本。仍以咨询研究机构为例，此类组织所产生的知识经过理论化，是要在各个研究团队之间共享，反复使用的。如果每个研究团队碰到新问题都开发新的知识来解决，从整个组织的角度来说，会耗用大量的时间成本和经济成本。比如当咨询机构需要研究某地区的产业发展规划的时候，会使用产业空间布局模型、产业集群理论模型这样的分析工具。更具体地说，咨询机构会构建自己的数据库。对以往的经验数据进行整理，为以后碰到相似问题的时候提供经验性数据支持。如果每个研究团队都开发自己的分析框架，使用自己的数据库，那么知识的积累速度将会落后于组织所需要的速度，而且知识使用的成本也会上升。此类知识型组织存在的价值就是以相对较低的成本使用知识为社会所带来的效率。

针对前述例子，统计局具有高知识密集度和高知识可重复性的特征。按照本研究的设想，需要使用平衡发展型的人力资源开发策略。统计局需要重视人力资本的发展。需要多个领域的专家，研究统计指标的编制方法。需要根据经济社会发展规划实施新的调查统计项目。知识的深度和广度都在不断变化发展，对人力资本具有较高要求。另外，统计运作的过程是一项具有高重复性的过程。每个月都要公布物价指数，每个周都要统计主要农副产品的产销状况，每年统计人口的变化状况数据，这些统计过程是相对稳定的，是具有重复性的业务。发展结构资本有利于提高此类业务的效率。统计系统内部的数据库，建立便于查询和交流的信息平台，开发具有自动采集、统计、分析数据功能的系统。组织业务的知识特征决定了，组织需要高人力资本和高结构资本。

A—3 **人力资源开发策略：平衡发展型**

“平衡发展型”是指组织所使用的人力资源开发措施，既注重发展人力资本，也注重发展结构资本，并且促进人力资本与结构资本间的平衡和转化。使用平衡发展型的人力资源开发策略，注意从整体上发展组织智力资本，既发展人力资本，也发展结构资本，通过平衡来实现两种资本的共同发展。这里的平衡就是对两种资本的同样重视，协调发展。长期实施平衡发展型的人力资源开发策略，能够使组织的人力资本和结构资本都得到平衡的增长，形成高人力资本和高结构资本。

平衡发展型人力资源策略一般包括以下措施：培训项目既是向工作人员传递信息的过程，也是单位向大家学习吸收经验和信息的过程。将培训视作组织与个人之间双向的知识分享过程；既注重投资于人员素质的提升，也注重投资于发展内部的知识系统；在组织文化建设方面强调个人与组织的相互学习和共同发展;有专门的项目来促进个人知识与组织知识之间的转换和互动等。

B 第二象限

B—1 业务的知识特征:低知识密集度和高知识可重复性

第二象限位于矩阵左上方。在这一象限的组织,业务具有较高的知识可重复性和较低的知识密集度。此类组织所使用的知识并不是很多,但是需要经常性地重复使用某些知识。比如公共组织中的驾照发放机构。其主要业务就是使用考题设备对申请人的交通知识进行考核,判断其是否符合要求。然后就是对路考进行评分。他们所使用的知识,在一个相对短的时间内不会有太大的变化,而且知识容量相对不算大。每天的工作主要就是重复使用这些知识判断申请人是不是达到了已经设定好的标准。对于基层的发证机关,他们不具有研究和改进考核系统的职责,最主要的就是执行好国家的考核标准。他们的业务决定了使用的知识密集度不高,但是知识的可重复性很高。另外类似的组织还有城市的垃圾清运公司。他们所使用的知识密集度不高,包括清理设备操作知识、垃圾分类知识等。但他们重复使用知识的频率很高,每隔几天就需要在相同的地方重复使用这些知识清理垃圾,维护市容清洁。

B—2 相匹配的智力资本形态:低人力资本和高结构资本

在第二象限的业务特征下,本研究假设,需要有低的人力资本来与低的知识密集度相匹配,需要高的结构资本与高的知识可重复性相匹配。较低的知识密集度,并不需要经常性的知识创新和知识深化。对于人力资本的要求,就是掌握好、运用好现有的知识,不需要像咨询研究机构那样拥有较高的人力资本。人力资本的投资主要是用于现有知识的强化和改进。人力资本的规模与业务规模相适宜。而较高的知识可重复性则需要组织提高重复使用知识的效率,进而提高整个运作效率。比如一些重复性高的工作,可以使用机械或者软件等标准化的工具来完成。以前面所举的驾照核发机关为例,因为其业务重复性较高,发展固定的流程、规则、数据库可以有效地提高知识重复使用的效率。比如运用计算机测试交通法规和交通知识,计算机可以快速准确地对测试是否合格进行评定。而在以前,这些工作需要有经验的考官通过手工判卷来完成。对于道路模拟考试的某些环节,则采取了激光配合电子设备来进行,不再需要考官用感官反复观测评定。这样做既提高了准确性,也提高了效率。此类业务的特点就是高重复性。只有重复使用知识的频率、数量达到了一定的程度才有必要开发类似流水线、计算机测评软件等程序和规则来提高效率。程序化、固定化的措施提高了知识重复使用的效率。而上面所举的这些措施都属于结构资本的内容。某些结构资本组织可以直接从外部购买,比如考试用的激光设备和计算机。这些也是知识,是组织可能用到的知识的集合,只不过已经有其他企业把这些知识变成了产品进行销售,有需求的组织可以直接购买使用。而有些结构资本是难以直接购得的,比如组织知识积累的氛围是需要组织通过长时间的投资来塑造的,不是能够引进的。总的来说,高的知识可重复性需要有高的组织资本来匹配。在资源有限的条件下,此类组织倾向于把有限的资源用来发展结构资本。

B—3 **人力资源开发策略：结构导向型**

“结构导向型”人力资源开发策略是指:组织所使用的人力资

源开发措施，主要是发展结构资本，而不倾向于发展人力资本。组织把更多的资源和注意力集中于建设和积累包括知识库、信息系统、规则、制度、程序等在内的组织知识以及组织内外各种关系网的建设上。结构导向型的人力资源开发策略把资源集中在结构资本上，会带来结构资本的增长。正如文献综述部分所述，人力资本获取、维持都需要有资源，而且面对动态的环境人力资本处在不断衰老的过程之中。如果把资源都投向了结构资本，人力资本缺少了资源的投入就会出现衰减。即使静态上是不变的，在动态环境下也是在减退的。因此可以设想，组织实施结构导向型的人力资源开发策略会带来结构资本的增长以及人力资本的减退。

结构导向型人力资源策略一般包括以下措施：组织提供严格标准化的培训项目；培训项目强调遵守制度、规范和程序；组织有严格的考核指标和考核标准；通过改进工作程序来降低费用、资源的消耗；用于结构资本建设的资金多于用在人力资本开发上的资金；使用固定的正式程序让员工在组织内分享工作中的知识和经验；特别强调组织知识库、信息库的重要性；要求工作人员严格按照规程进行工作；与服务对象建立良好的关系；与各方建立良好的关系，使组织拥有良好的关系网络。

C　**第三象限**

C—1 **业务的知识特征：低知识密集度和低知识可重复性**

第三象限位于矩阵左下方。在这一象限的组织，业务具有低的知识可重复性和低的知识密集度。正如前面分析所提及的，具有这样特征的组织在竞争性的市场中是不容易生存下去的。由于知识密集度低，知识可重复性低，这样的组织所从事的业务不足以产生高的效率，难以长期为社会带来具有价值的业务。如果以这样的业务为生，那么这个组织是难以生存的。所以很难找到一个我们熟悉的商业组织例子来说明这种状态。但是在公共领域存在这样的组织，有极少数公共组织，其职责决定了业务的特征是低知识密集度和低知识可重复性。比如，我们在前面提到的为了某些重大事件而成立的组织。这些组织所要用到的知识并不具有密集度高的特征，只是一些简单的公文处理，而且很长时间都只会有少量的业务需要处理。一般这样的组织，只是为了某些政治上、制度上的要求而设立。在公共组织同样追求效率的当代社会，这样的组织并不多见。

C—2 **相匹配的智力资本形态：低人力资本和低结构资本**

此类组织，需要低的人力资本与低的知识密集度相匹配；低的结构资本与低的知识可重复性相匹配。因为业务的特征，此类组织并不需要大量的人员，也不需要高度的结构资本来支持。因为此类组织很多情况下只是具有象征意义或者只需应付有限的业务需求，所以此类组织不需要投入大量资源，通过控制资源投入，维持有效运转所需的有限资源，就能有效地实现组织绩效。

C—3 **人力资源开发策略：收缩型**

"收缩型"人力资源开发策略是指：组织所使用的人力资源开发措施，严格控制在人力资本和结构资本上的投资，仅配置有限的人力资本和结构资本以维持组织的运转。收缩型的人力资源开发策略，控制了资源投入，使智力资本处于收缩的状态。可以设想，长期实施收缩型人力资源开发策略的组织可以带来智力资本的全面收缩和减退。

收缩型人力资源策略一般包括以下措施：严格的人力资源开

发预算;对员工只进行有限的必须的培训;没有属于组织的组织知识库;没有投资建立清晰的具有导向性的组织文化氛围。

D　**第四象限**

D—1 **业务的知识特征:高知识密集度和低知识可重复性**

第四象限位于矩阵右下方。这一象限内的组织,其业务具有知识密集度高,知识可重复性低的特征。此类组织的业务充满了知识含量,但是这些知识可重复使用性并不高。最典型的就是,搞艺术创作的组织,他们在进行艺术创作的时候,包含了大量的知识,包括艺术理论的知识、表现形式的知识、美学知识等等。负责艺术品创作的组织在运作的时候,要综合运用大量的知识,而这其中的知识并不具有可重复性,具有一次使用的特性。比如核心创作人员的灵感和创意,是艺术作品的灵魂,但是这种创意并不是总能出现,而且不能重复使用。一方面,创意具有知识产权,其他人不能复制,另一方面,重复使用的创意,已经不再具有原来的艺术价值。在公共领域,外交部门是一个知识密集度高、知识可重复性低的机构。外交部门的职责是:代表国家维护国家最高利益;代表国家和政府办理外交事务;从外交政策和国别关系的角度,就对外贸易、经济合作、经援、军援、侨务、文教、科技、宣传中的一些重大问题,与有关单位协调;对国际政治经济形势和各国情况进行调查研究,为国家和本国人民利益服务①。这些职责通常具有的特点是,需要根据不断变化的国际环境,综合国际国内多种信息及时做出分析和判断。特别是出现紧急的国际纷争时,原因复杂,涉及面广,需要使用大量的知识来进行分析判断。

① 据国务院办公厅颁布的国办发(1994)2号文件中规定的外交部职责。

而且出现状况的形式多样，难以使用原有的固定知识去解决，需要创造性地运用外交知识以及各种信息找到解决的办法，知识的密集度较高。国际形势是在不断发展和变化的，难以反复用以往的知识解决问题。即使是相同的问题，在不同的环境下也需要不同的知识来进行分析、解决。是动态的环境决定了业务的知识可重复性低。而复杂的外交工作所使用的知识在广度和深度上都较大，属于知识密集型。

D—2 相匹配的智力资本形态：高人力资本和低结构资本

在第四象限的业务特征下，本研究假设，需要有高的人力资本来与高的知识密集度相匹配，需要低的结构资本与低的知识可重复性相匹配。较高的知识密集度需要从业人员具有广泛的知识技能，组织需要有较高的人力资本。以外交部门为例，外交部门需要掌握全球的形势和动态，还要具体掌握每个国家和地区的形势和动态，运用政治、经济、军事、文化、科技等众多知识对各种情况进行分析，对于驻外的使领馆工作人员，更是要具有识别重要问题的能力，能够发现问题，分析问题，并提出解决办法。而且面对不断变化的形势，需要不断更新思维方式、解决办法，创造性地解决问题。这对于人力资本提出了较高要求。从外交官的素质结构中就可以发现外交部门对人力资本的高要求。现在得到广泛运用的素质模型最初就是发端于美国对外交人员素质的研究，研究结构也显示了外交工作需要外交人员在知识、技能、关系方面具有较高的综合素质。在前面的论述中已经分析过，知识密集度高意味着知识含量大以及不断的知识扩展和创新，而知识的扩展和创新都需要有人力资本来实现。较高的知识密集度决定了组织需要有较高的人力资本与业务要求相适应。

知识可重复性低,意味着组织没有必要把资源大量投资在进行结构资本的建设上。当可用资源受到约束,组织需要在人力资本投资和结构资本投资之间进行权衡的时候,较低的知识可重复性就会对投资的收益产生影响,把相同资源投在人力资本上会比投在结构资本上带来更高的绩效(包括组织效率)。按照本研究的假设,在此类组织中,需要更多地发展人力资本以完成知识密集度大的业务。由动态环境引致的较低的知识可重复性,只需要不高的结构资本投资就能够适应。这里需要强调的是,知识可重复性与需要知识创新并不是非此即彼的关系。知识重复性低并不必然需要较高的知识创新,而知识创新少也不一定意味着就有较高的知识可重复使用性。知识创新是增加了新知识,属于知识密集度的内容,而知识可重复性则纯粹是在说明已有知识重复使用的状况。尽管知识创新与知识可重复性会有联系,但知识创新的反面不是知识可重复使用性高,而是知识不创新。知识可重复使用性高的反面也不是知识创新少。

D—3 **人力资源开发策略:人员导向型**

"人员导向型"人力资源开发模式是指:组织所使用的人力资源开发措施,主要是针对人力资本的发展,而不倾向于发展结构资本。如果组织实施人员导向型的人力资源开发策略,那么组织资源就会向人力资本发展倾斜。组织可通过购买人才、引进人才、培养人才等多种途径,在短时间内实现组织人力资本的扩张。同时由于缺乏资源的支持,组织的结构资本处于停滞状态。结构资本的形成和发展同样需要进行管理和统筹。组织使用人员导向型的开发策略就是使结构资本处于自发的发展状况中。而结构资本的成长同样需要资源支持和维护,需要规划和管理。长期缺乏资源支持的结构资本,会出现损耗,即使不损耗也会出现老化和衰退。因为周围的环境是在不断变动的,原有的结构资本即使在静态上保持不变,从动态来看就是在老化和衰退的。因此可以设想,组织长期实施人员导向型人力资源开发策略会带来人力资本的增长和结构资本的减退。

人员导向型人力资源策略一般包括以下措施:建立内部的人才储备库,为工作人员提供范围广泛的培训项目,为工作人员提供持续发展的机会,单位对人力资源开发的投资高于对其它方面的投资,非常强调个人能力对组织的重要性等。

上面提到的有关根据业务知识特征与智力资本匹配的假设,是一般性的原则性分析。而具体到每个组织来说,在前述框架的基础上,还有众多的因素会影响到人力资本与结构资本配置,从而使每个组织在具体的配置上有着差异。这些因素包括:业务策略、预算约束、资源价格、原有的智力资本状况等。

对每个组织来说,不光是职能业务的种类会影响到组织的知识特征,还有每个组织在行业中的定位也会影响到业务的知识特征。就算是同一个行业中的组织,也会因定位不同而有不同的业务知识特征,进而产生不同的智力资本配置要求。比如,Henson等人分析比较了同样是咨询公司的安永(Ernst & Young)和麦肯锡(McKinsey),尽管两家公司都是在知识密集的咨询行业,但由于两家公司业务策略上不同,所以在智力资本配置上也有所不同。安永公司是通过高效运用编码知识为客户提供服务,而麦肯锡公司则是依靠业务团队提出创造性的解决思路来为客户提供服务。安永公司实现的是重复使用知识带来的规模经济,而麦肯锡公司是通过小团队提供个性化的服务来实现较高的边际收益。

在此前提下，安永公司选择了投入更多的资源建设结构资本，包括注重投资建立高效快捷的信息和知识系统，招收毕业学生进行培训，鼓励个人通过组织的知识库进行学习，奖励向组织知识库做出贡献的人们。而麦肯锡公司则是更多地投资在人力资本上，包括招收具有经验的MBA学员，鼓励人与人之间的知识传递，培养专家型人才，搭建信息系统以满足内部的沟通交流[①]。从这样的对比中，我们可以看出，虽然有着相似的业务，但由于运作方式的差异，也影响着两个公司在人力资本和结构资本上的配置差异。

在公共组织中，同一系统内不同层级的组织，虽然具有相似的业务内容，但是所具有的知识特征是不同的。举个例子，同样是税务部门，国家税务总局的职责在于根据全国经济社会的运行情况制定税收政策，指导管理下辖各税务机关开展税收征收工作，而一个县的税务部门则是以执行税收法规政策、开展税收征收工作为主。同样是税务系统，同样是以“税收”为主要业务，但是不同层级的税务部门的知识特征并不一样。县级税务部门的知识密集度就低于国家税务总局的知识密集度。

组织在作配置决策的时候，还需要考虑两种资本的替代关系和相对价格。正如在微观经济学里厂商在做基础的劳动力和机器的配置一样，需要考虑两者的替代率和相对的价格。人力资本和结构资本也存在相互替代的关系，比如驾照发放机关内考官和电子测试系统之间的关系。而替代也是存在变化的，正如劳动力

---

① Morten T. Hansen, Nitin Nohria and Thomas Tierney, “What’s Your Strategy for Managing Knowledge”, *Harvard Business Review*, 1999, Vol. 77, No. 2, pp. 106—116.

和机器之间边际替代率是递减的，人力资本与结构资本之间的替代也是递减而且是有限度的。设想一个极端的例子，在研究机构中，人力资本已经达到相对较高的水平，所有的人员都是专业领域内的高级专家，此时如果组织没有任何知识库、程序来保留和分享专家的知识，那么知识的使用效率将不会很高，而且如果有专家离开了组织，组织将会损失能力和知识。而如果研究机构在这样的前提下构建起一定的结构资本，把专家的个人知识转化为组织的知识，并编制成便于推广使用的内部知识，那么投资于结构资本就能对人力资本产生较大的替代，但是随着结构资本的增长，如果走向另一个极端，结构资本过大而减少了大部分的人力资本，那么组织的研究业务会受到消极影响，替代率也会下降。

在不同的地域，不同的行业组织获取人力资本和结构资本的单位价格是不一样的。在人力资源相对价格（比如工资水平）较高的国家，人力资本获取的单位价格会比较高。在知识技术发达的国家，建构数据库这样的结构资本的价格就会相对低于技术欠发达国家。在知识密集度高的行业，获取单位人力资本的价格会高于知识密集度低的行业。一个组织在不同的阶段也是有差异的，在稳定时期相对于一个不稳定的时期来说，可以以较低的成本获取同样的人力资本，因为，稳定性已经作为报酬或者补偿替代了部分支付给人员的工资。获取人力资本的价格包括购买的价格，也包括组织内部开发价格。Lepak & Snell 就曾讨论过不同方式获取人力资本的投入、产出、效果差异①。总的来说，在不同的地域、行业，对不同的组织来说，获得一个单位的人力资本所需的投资是有差异的，获得一个单位的结构资本的价格也是有差异的。

正是预算约束、资源价格、原有的智力资本状况等方面的差异，最终决定了一个理性的组织在人力资本和结构资本上所具有的具体形态。当组织的人力资本和结构资本的配置与业务的知识特征相匹配，并且考虑了各项影响因素之后，才能使人力资本、结构资本有效地促进组织效率的提升和组织发展。

表 3-1 四象限模型内容总结

	第一象限	第二象限	第三象限	第四象限
业务的知识特征				
知识密集度	高	低	低	高
知识可重复使用性	高	高	低	低
智力资本形态				
人力资本	高	低	低	高
结构资本	高	高	低	低
人力资源开发策略	平衡发展型	结构导向型	收缩型	人员导向型

四、从模型到研究假设

通过上面的分析，本研究提出以下研究框架以及操作性研究假设：

① David P. Lepak and Scott A. Snell, "The Human Resource Architecture: Toward a Theory of Human Capital Allocation and Development", *Academy of Management Review*, 1999, Vol. 24, No. 1, pp. 31—48.

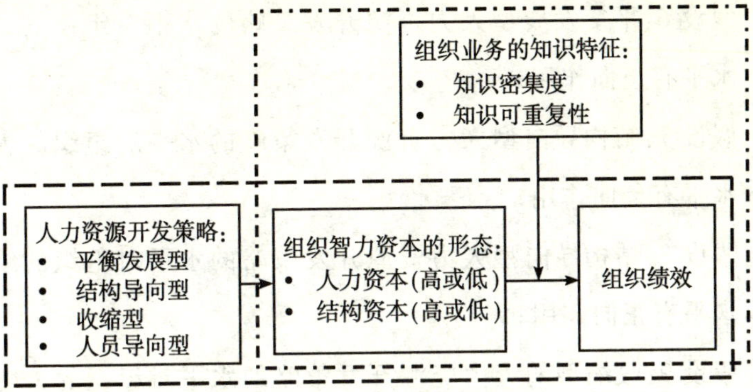

图 3-4 研究设想的操作框架

研究假设第一部分:智力资本与业务知识特征的“匹配”程度会影响组织绩效。

具体来说可分解为四个假设:

假设 1:组织业务的知识密集度会调节人力资本与组织绩效之间的关系;

假设 2:组织业务的知识密集度会调节结构资本与组织绩效之间的关系;

假设 3:组织业务的知识可重复性会调节人力资本与组织绩效之间的关系;

假设 4:组织业务的知识可重复性会调节结构资本与组织绩效之间的关系。

研究假设第二部分:四种人力资源开发策略(包括:平衡发展型、结构导向型、收缩型、人员导向型)会带来不同的人力资本、结构资本组合。

具体来说,可分解为以下 8 个假设:

假设 5:平衡发展型人力资源开发策略的水平对组织的人力资本水平有正向作用;

假设6:平衡发展型人力资源开发策略的水平对组织的结构资本水平有正向作用;

假设7:结构导向型人力资源开发策略的水平对组织的人力资本水平有负向作用;

假设8:结构导向型人力资源开发策略的水平对组织的结构资本水平有正向作用;

假设9:收缩型的人力资源开发策略的水平对组织的人力资本水平有负向作用;

假设10:收缩型的人力资源开发策略的水平对组织的结构资本水平有负向作用;

假设11:人员导向型的人力资源开发策略的水平对组织的人力资本水平有正向作用;

假设12:人员导向型的人力资源开发策略的水平对组织的结构资本水平有负向作用。

根据上述研究假设,结合研究框架,整个的假设验证可以分两部分完成。第一部分是验证假设1到假设4。主要是为了说明组织的“人力资本与组织业务知识密集度”之间,以及“结构资本与组织业务的知识可重复性”之间的匹配性对于组织绩效的作用。为了验证这种“匹配”,本研究采用了调节效应验证法来验证“匹配”对组织绩效的影响。按照Delery & Doty在1996的论文中对匹配性验证方法的讨论,认为主要有三种方法来验证匹配性:第一种是通过专家直接评价匹配性来测量匹配的程度;第二种是,通过专家讨论确定出某一变量的理想状态值,然后使用工具测量样本的真实值,通过真实值与理论值之间的差额来表征匹配状态;第三种则是现在比较通用的验证匹配性的方法,就是通过验证调节作用来验证匹配性。① 本研究就采用第三种方法检验第一组设想。也就是通过假设 1 至 4 所说的调节作用来验证说明"人力资本与组织业务知识密集度"之间,以及"结构资本与组织业务的知识可重复性"之间的匹配性对于组织绩效的作用。具体的操作框架如下图所示。

第二部分则可以通过路径分析,整体考虑四种人力资源开发策略对人力资本和结构资本的影响,来验证各种策略所能引致的人力资本、结构资本组合。

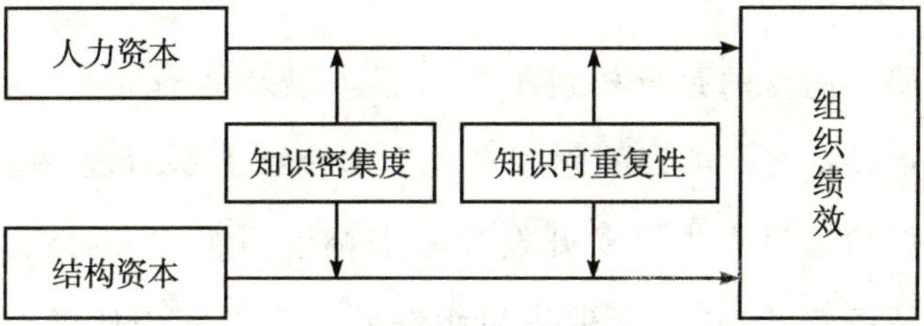

图 3-5　通过验证调节效应来验证"匹配"

① John E. Delery and D. Harold Doty, "Modes of Theorizing in Strategic Human Resource Management: Tests of Universalistic, Contingency, and Configurational Performance Predictions", *The Academy of Management Journal*, 1996, Vol. 39, No. 4, pp. 802—835.

第四章 模型验证

一、验证方法与抽样过程

本研究的目的是分析组织人力资本以及结构资本与组织业务的知识特征之间的匹配程度是否会影响到组织绩效，在此基础上探讨如何通过人力资源开发策略来调节组织的人力资本和结构资本的配置状态，从而促进组织绩效。为了实现研究目的，验证前文提出的假设，本研究采用问卷调查的方法进行研究。

问卷调查分为两个阶段：第一阶段是预测试，对研究所使用的问卷进行检验，然后根据预测试的结果，对问卷进行修改并形成正式的调查问卷；第二阶段是正式研究，使用经过预测试检验的问卷进行调查，收集数据检验假设。

本研究的研究对象是公共部门的组织。研究所用数据是组织层面数据。本研究中的公共组织具体是指中央及地方各级党政机关中具有内部独立人事权的单位。为了实现研究目的，样本单位需要具有内部独立的人事权，也就是这个组织内设有自己的人事部门（或人力资源部门）。以教育部为例，内部设有人事司，人事司的职责之一就是管理教育部机关内部的人力资源。教育部部机关作为一个具有独立人事权的组织符合本研究对样本的要求，可以作为一个样本。教育部下属的各省级教育厅（局）机关内部设立了人事处，也具有独立人事权，各个教育厅（局）机关也符合研究中对于样本的要求，可独立作为样本。另外比如以某县环保局为例，该组织属科级组织，组织内部设有人事科来实现人力资源开发和管理职能。此环保局满足研究对样本的要求。对于样本需要有独立人事权的要求，是由本研究的目的决定的。本研究要验证通过人力资源开发措施来调节组织的智力资本形态来促进组织绩效。只有具有独立人事权的单位才能独立地采取措施开展人力资源开发活动，也才能够对内部的智力资本形态做出调整。

在数据收集过程中，为了避免单一数据来源造成的偏差，每个组织选取两位管理者参与调查。一位是人力资源部门的管理者，另一位是组织的高层管理者（单位领导正职或副职）。两位被调查者要填答相同的调查问卷。两位被调查对象的数据将会被整合在一起作为该组织的数据。之所以把被调查对象限定在这个范围内，是由研究内容决定的。研究调查的主要内容涉及组织人力资源开发的主要措施以及组织业务的特性，所以需要参与调查者对组织的各项信息有深入的了解。人事部（或人力资源部门）的管理者直接履行人力资源开发职能，掌握组织的人力资源开发相关信息。而且人力资源部门管理者在工作过程中要以组织业务的运转作为工作的中心和基础。同时组织的高层管理者全面掌握组织的各项情况，能够提供组织的全面信息。为了确保被调查者是熟悉组织状况的人员，本研究在调查中把被调查者在现在单位的工作年限限定在 5 年以上，目的是为了保证数据的质量。

在所有的样本组织中，从人力资源管理者和组织高层领导者两个点来获取数据。两位被调查者使用相同的调查问卷。将两位被调查者在每个题项上提供的数据进行简单平均计算作为样本组织在某个题项上的数据。这样的处理，综合了两位管理者提供的信息，减小了单一数据来源可能产生的偏差。

二、样本特征

1. 预调查阶段

按照上述研究设计的要求，首先选取北京、福建、甘肃、广东、河南、湖北、吉林、江西、山东、上海、云南、浙江 12 个省(或直辖市)的 150 个公共部门组织作为预调查对象。通过实地发放和电子邮件发放的方式向调查对象发放调查问卷 300 份。每个组织发放两份问卷。在回收的调查问卷中，排除数据不完整的问卷、被调查者不满足研究样本要求的问卷。共回收到来自 65 个组织的 130 份有效问卷。问卷有效回收率为 43.3%。在 130 位被调查者中，男性 89 人，占 68.5%，平均年龄 38.3 岁。人力资源管理者组的行政级别平均值 1.8①，高层管理者组的行政级别平均值是 2.7。

共获得有效组织样本 65 个，样本平均组织规模 156.0 人，组织行政级别平均值 2.9②。预调查样本的具体特征如下面表框所列，包括地域分布、行政级别分布和组织规模分布。

---

① 被调查者个人行政级别编码：1—科员；2—科级；3—县处级；4—地厅级；5—省部级。

② 公共组织的行政级别编码：2—科级；3—县处级；4—地厅级；5—省部级。

表 4-1　预调查阶段样本组织的特征(N=65)

	类别	频次	百分比(%)
地域分布	北京	16	24.6
	福建	3	4.6
	甘肃	3	4.6
	广东	4	6.2
	河南	9	13.8
	湖北	4	6.2
	吉林	7	10.8
	江西	3	4.6
	山东	5	7.7
	上海	4	6.2
	云南	5	7.7
	浙江	2	3.1
行政级别	科级	25	38.5
	县处级	22	33.8
	地厅级	18	27.7
	省部级	0	0
组织规模	1—49 人	13	20.0
	50—99 人	15	23.1
	100—149 人	16	24.6
	150—199 人	5	7.7
	200—299 人	5	7.7
	300 人及以上	11	16.9

2. 正式调查研究阶段

经过预调查阶段,使用收集的数据对研究所使用的问卷中包含的各部分量表进行分析,根据分析结果对问卷进行了修改和调整,形成了正式调查问卷。按照研究样本的要求选取北京、福建、甘肃、广东、河北、河南、黑龙江、湖北、吉林、江苏、江西、辽宁、山东、上海、天津、云南、浙江、重庆18个省(或直辖市)的530个公共部门组织作为样本。与预调查样本地域分布相比,从12个增加到18个,分布更加广泛。需要特别说明的是,正式调查研究阶段的样本组织与预调查阶段的样本组织没有重复,是另外选取的样本。问卷发放方式包括电子邮件和实地发放。在填答问卷之前都会请参与调查者阅读一封详细说明本项研究的内容和问卷填答方法的信件,使参与调查者准确理解问卷所涉及的问题。在回收的调查问卷中,排除数据不完整的问卷、被调查者不满足研究样本要求的无效问卷,共回收468份问卷,其中提供了完整信息且有效的问卷是来自217个组织的434份。问卷有效回收率为40.9%。

在被调查者个人信息方面,在434位被调查者中,男性278人,占64.1%,女性156人,占35.9%。年龄最高59岁,最低25岁,平均年龄37.7岁。在现单位工作时间,最高32年,最低5年,平均9.5年。行政级别方面,最高为4(厅局级),最低为1(科员),平均值2.2。高层管理者和人力资源管理者形成了两个群体。其中,人力资源管理者组的行政级别平均值1.8①,高层管理者组的行政级别平均值是2.5。人力资源管理者组在目前单位工作的年限平均是7.8年,高层管理者的年限平均是11.3年。

共获得有效组织样本217个,样本平均组织规模189.8人,组

① 被调查者个人行政级别编码:1—科员;2—科级;3—县处级;4—地厅级;5—省部级。

织行政级别平均值为 2.89①。样本的具体特征如表 4-2 所列，包括地域分布、行政级别分布和组织规模分布。

表 4-2　正式调查阶段的样本组织特征(N=217)

	类别	频次	百分比(%)
地域分布	北京	30	13.8
	福建	11	5.1
	甘肃	15	6.9
	广东	13	6.0
	河北	6	2.8
	河南	9	4.1
	黑龙江	11	5.1
	湖北	5	2.3
	吉林	9	4.1
	江苏	13	6.0
	江西	9	4.1
	辽宁	10	4.6
地域分布	山东	18	8.3
	上海	17	7.8
	天津	12	5.5
	云南	12	5.5
	浙江	13	6.0
	重庆	4	1.8
行政级别	科级	86	39.6
	县处级	73	33.6
	地厅级	54	24.9
	省部级	4	1.8

① 公共组织的行政级别编码：2—科级；3—县处级；4—地厅级；5—省部级。

续表

	类别	频次	百分比(%)
组织规模	1—49人	36	16.6
	50—99人	71	32.7
	100—149人	41	18.9
	150—199人	13	6.0
	200—299人	15	6.9
	300人及以上	41	18.9

三、变量设计与测量方法

1. 调查问卷说明

本研究通过调查问卷收集数据。首先在第一阶段使用预调查问卷,通过对调查结果的分析修改问卷,形成正式的调查问卷。然后使用正式的调查问卷在选样组织中进行调查。正式的调查问卷主要包括几个部分:第一部分,问卷的导语与填写说明;第二部分,组织知识密集度量表;第三部分,组织知识可重复性量表;第四部分,人力资本量表;第五部分,结构资本量表;第六部分,组织绩效量表;第七部分,组织人力资源开发策略类型;第八部分,组织基本信息;第九部分,参与调查者个人基本信息。

每个样本组织中有两位管理者参与调查。一位是组织的人事部(人力资源部)管理者,另一位是组织的高层领导。两类参与者都填答内容相同的问卷。每一个单位在每个题项上的具体数值,通过计算样本组织的两位管理者在该题得分均值得出。

实施预调查是为了对调查问卷中包含的量表进行信度和效度分析。在分析结果基础上对自编制的"知识可重复性量表"、"人力资源开发措施指数"进行修改。同时对研究中采用的其他研究者使用过的量表进行检验。

本研究采用了多个研究中的量表来测量涉及的变量。其中，知识密集度量表、人力资本和结构资本的量表都是来自管理学国际刊物上发表的研究论文。为了保证问卷的信度和效度，笔者首先将英文的量表翻译成为中文。然后邀请在美国的大学里教授人力资源课程的华裔人力资源管理博士，将已经翻译成中文的问卷再翻译成英文。通过英汉互译，将翻译的英文问卷与原版的英文问卷进行对比，对英文翻译为中文过程中可能存在的歧义进行修改。通过两次修改最后形成问卷的中文版本。本研究的研究调查对象是公共组织，问卷经过修改，使之符合公共组织的实际情况以及表达习惯。

量表在翻译成中文以后，由专家小组（由两名人力资源专业教师、三名人力资源管理专业博士、两名公共组织人力资源管理者组成）对问卷中的题项逐个进行讨论、修改、调整。并结合本研究的研究对象——中国的公共组织——的特点，对问卷的叙述表达进行相应的调整，使问卷表达容易让被调查者接受。最后，编制出测量工具，形成本研究中使用的调查问卷。

2. 变量操作化及预调查结果

本项研究涉及的研究变量包括：

知识密集度(Knowledge Intensity, KI)

知识密集度在本研究中指的是公共部门组织的业务所包含的知识含量。具体说是公共组织在履行组织核心职能过程中，所运用的知识总量，包括知识的范围、深度。组织的知识创新就是在扩展组织知识的广度和深度，也就是扩展组织业务所包含的知识量。一般研究中通常使用研发经费投入来测量组织知识密集度，但是这样的测量方式在准确性上存在问题①，而且研发经费这类指标难以用于公共部门的知识密集度测量。一方面是因为公共组织所提供产品的特殊性；另一方面，因为我国各层级的公共组织是一个具有紧密业务关系的整体。通常会有上级组织投入大量资源进行科研，并把科研成果通过各种形式向下属的各地方、各基层单位传递，共同使用。在这种情况下，各基层单位虽没有投入科研经费但业务的知识含量也获得了提升。而 Eisenhardt & Schoonhoven 的研究说明管理者的评价是对组织知识密集度的可信度量②。

根据这些分析，本研究采用 Autio 等人在 2000 年的研究中使用的量表来测量组织业务的知识密集度。在他的研究中，内部一致性系数（采用 Cronbach's Alpha 系数，下同）为 0.85。量表包含知识含量、使用知识情况、外界评价三个陈述③。根据本项研究的研究对象的特点，在表述上进行了调整。问卷包括以下三个题项：本单位在履行职责过程中要使用大量的知识；知识含量高是我们单位主要业务的一大特点；外界都认为我们单位的服务包含了大量的知识。使用里克特（Likert）6 点量表计分，要求被调查者根据自己所在单位的情况进行选择：1 表示完全不符合；2 表示不符

① John-Christopher Spender and Robert M. Grant, "Knowledge and the Firm: Overview", *Strategic Management Journal*, 1996, Vol. 17, pp. 5—9.

② Kathleen M. Eisenhardt and Claudia Bird Schoonhoven, "Organizational Growth: Linking Founding Team, Strategy, Environment, and Growth among US Semiconductor Ventures, 1978—1988", *Administrative Science Quarterly*, Vol. 35, No. 3, pp. 504—529.

③ Erkko Autio, Harry J. Sapienza, James G. Almeida, "Effects of Age at Entry, Knowledge Intensity, and Imitability on International Growth", *The Academy of Management Journal*, 2000, Vol. 43, No. 5, pp. 909—924.

合;3 表示有点不符合;4 表示有点符合;5 表示符合;6 表示完全符合。在预调查中,Cronbach's Alpha 为 0.859,达到研究要求。

效度方面,进行因子分析。KMO 值为 0.701,Bartlett 球度检验达 0.000 水平显著,适宜使用预调查样本进行因子分析。通过因子分析获得单一维度因子,特征值为 2.352,变异解释量为 78.392%。

表 4-3　知识密集度量表预调查因子分析结果

	因子 1
项目内容	知识密集度
知识含量高是我们单位主要业务的一大特点	0.925
外界都认为我们单位的服务包含了大量的知识	0.861
本单位在履行职责过程中要使用大量的知识	0.869
特征值	2.352
变异解释量(%)	78.392
累计变异解释量(%)	78.392

知识可重复性(Knowledge Reusability, KR)

知识可重复性指的是知识可重复使用的程度。具体来说,是公共组织在履行主要职责、从事核心业务过程中所使用的知识在多大程度上是可以重复的。对于知识可重复性的测量工具很少,Watson & Hewett 在 2006 的论文中使用里克特量表测量被调查者进入知识数据库的频率来表征重复使用知识的程度①。目前没有发现得到较好验证的量表可以使用。结合前面有关知识密集度的测量方式,本研究使用管理者评价的方式来测量组织业务知

① Sharon Watson and Kelly Hewett,"A Multi-Theoretical Model of Knowledge Transfer in Organizations: Determinants of Knowledge Contribution and Knowledge Reuse", *Journal of Management Studies*, 2006, Vol. 43, No. 2, pp. 141—173.

识的可重复使用性。结合前述方式，列出三个题项，包括：本单位在履行职责过程中所用到的知识需要经常重复使用；知识的重复使用率高是我们单位主要业务的一大特点；外界都认为我们单位的主要业务重复性很高。同样是使用里克特6点量表计分，要求被调查者根据自己所在单位的情况进行选择：1表示完全不符合；2表示不符合；3表示有点不符合；4表示有点符合；5表示符合；6表示完全符合。

在预调查后，对知识可重复性量表进行信度和效度分析。在信度方面，Cronbach's Alpha为0.846。从结果看知识可重复性量表具有较好的信度。另外，使用探索性因子分析法来分析量表的结构。从KMO值为0.724，Bartlett球度检验达0.000水平显著，适宜使用预调查样本进行因子分析。取得单一维度的因素，特征值为2.303，方差贡献率为76.779%。各项目共同度都超过了0.85。具体结果如表4-4所示。结果显示，量表与构想结构吻合，具有较好的结构效度。结合量表编制过程中，专家小组对内容效度的控制过程，使知识可重复性测量量表具有良好的内容效度。量表适用于正式研究。

表4-4　知识可重复性量表预调查因子分析结果

	因子1
项目内容	知识可重复性
本单位在履行职责过程中所用到的知识需要经常重复使用	0.855
知识的重复使用率高是我们单位的主要业务的一大特点	0.893
外界都认为我们单位的主要业务重复性很高	0.880
特征值	2.303
变异解释量(%)	76.779
累计变异解释量(%)	76.779

人力资本(Human Capital, HC)

人力资本是智力资本的一个重要组成部分,是组织中的人员所具有的知识、技能、经验、态度的集合①。在涉及人力资本和人力资源开发与管理的研究中,测量人力资本的工具主要有Youndt等人在其2004年论文中研究人力资本对组织绩效的影响时,开发了一个用于测量组织智力资本的量表(Cronbach's Alpha=0.79),经多个相关研究的使用表明这个问卷具有较好的信度和效度②。还有就是Bontis在1998年的研究中开发的对组织智力资本进行测量的问卷。Bontis在1998年③以及Bontis及其同事在2002年④的两项研究中,针对不同的样本群体对这一量表进行了检验。该量表包含了三个维度的43个题项。有多个研究曾使用过这个量表。Reed等人的研究中⑤根据Edvinsson & Malone所提出概念和原则,使用了Youndt等人所开发的测量人力资本的5个题项的量表⑥,并结合Huselid等人研究中的测量方

---

① Leif Edvinsson and Michael Shawn Malone, *Intellectual Capital: The Proven Way to Establish Your Company's Real Value by Measuring it Hidden Brain Power*, 1997, Piatkus, London, United Kingdom.

② Mark A. Youndt, Mohan Subramaniam and Scott A. Snell, "Intellectual Capital Profiles: An Examination of Investments and Returns", *Journal of Management Studies*, 2004, Vol. 41, No. 2, pp. 335—361.

③ Nick Bontis, "Intellectual Capital: An Exploratory Study that Develops Measures and Models", *Management Decision*, 1998, Vol. 36, No. 2, pp. 63—76.

④ Nick Bontis and Jac Fitz-enz, "Intellectual Capital ROI: A Causal Map of Human Capital Antecedents and Consequents", *Journal of Intellectual Capital*, 2002, Vol. 3, No. 3, pp. 223—247.

⑤ Kira Kristal Reed, Michael Lubatkin and Narasimhan Srinivasan, "Proposing and Testing an Intellectual Capital - Based View of the Firm", *Journal of Management Studies*, 2006, Vol. 43, No. 4, pp. 867—893.

⑥ Mark A. Youndt, Mohan Subramaniam and Scott A. Snell, "Intellectual Capital Profiles: An Examination of Investments and Returns", *Journal of Management Studies*, 2004, Vol. 41, No. 2, pp. 335—361.

法①,设计了一个包含12个题项的人力资本量表(Cronbach's Alpha为0.81)。结合前面在文献综述中对智力资本结构的分析,本研究采用Youndt等人中测量智力资本的量表,并结合Reed等人研究中使用的量表进行了修改,形成了包含7个题项的人力资本量表。具体的题项如下表所示。采用里克特6点量表计分,要求被调查者根据自己所在单位的情况进行选择:1表示完全不符合;2表示不符合;3表示有点不符合;4表示有点符合;5表示符合;6表示完全符合。

表4-5 人力资本量表预调查因子分析结果

	因子1
项目内容	人力资本
我们单位的工作人员能开发新知识,创造新的工作思路	0.868
我们单位的工作人员都具有较高的知识水平	0.860
我们单位的工作人员具有较高的技能	0.843
我们单位的工作人员愿意为组织付出他们的全部	0.841
我们单位的工作人员都能很好地在各自的部门或团队内相互合作	0.836
我们单位的工作人员都能够出色的完成任务	0.831
我们单位的工作人员都被公认为各自专业领域内的专家	0.786
特征值	4.919
变异解释量(%)	70.276
累计变异解释量(%)	70.276

在预调查中对人力资本量表的信度和效度进行分析。Cronb-

① Mark A. Huselid, Susan E. Jackson and Randall S. Schuler, "Technical and Strategic Human Resource Management Effectiveness as Determinants of Firm Performance", *Academy of Management Journal*, 1997, Vol. 40, No. 1, pp. 171—188.

ach's Alpha 为 0.928，高于前述各个问卷。表明问卷具有良好的信度。从因子分析的结果来看，KMO 值为 0.893，Bartlett 球度检验达 0.000 水平显著，适宜使用预调查样本进行因子分析。取得单一维度的因素，特征值为 2.303，方差贡献率为 70.276%。远高于 60% 的推荐值。各项目与因子的共同度都超过了 0.78。结果显示，量表与构想结构吻合，具有较好的结构效度。

结构资本(Structural Capital, SC)

本研究认为结构资本实际上是包含了组织知识和组织关系两个部分，是指不依附于个人而存在的属于组织的知识和关系。根据 Edvinsson & Malone 对结构资本的定义，结构资本是不依附于人力资源而存在的组织的知识性资产，包括规则、制度、知识库、专有技术、文化特征等①。一般认为，在后来研究中出现的组织资本和关系资本都包含在此结构之内。Bontis 在 1998 年的研究中开发的对组织智力资本进行测量的工具，分别用 17 个和 16 个题项来测量顾客资本和组织资本②。Youndt 及其同事在 2004 年的论文中，对组织资本和关系资本进行了测量，Cronbach's Alpha 分别为 0.62 和 0.88③。Reed 等人则是在 Youndt 等人研究所用量表的基础上，进行了修改，分别测量了组织资本、内部关系资本和外部关系资本。在分析社会资本的时候，Reed 等人采用了

---

① Leif Edvinsson and Michael Shawn Malone, *Intellectual Capital: The Proven Way to Establish Your Company's Real Value by Measuring it Hidden Brain Power*, 1997, Piatkus, London, United Kingdom.

② Nick Bontis, "Intellectual Capital: An Exploratory Study that Develops Measures and Models", *Management Decision*, 1998, Vol. 36, No. 2, pp. 63—76.

③ Mark A. Youndt, Mohan Subramaniam and Scott A. Snell, "Intellectual Capital Profiles: An Examination of Investments and Returns", *Journal of Management Studies*, 2004, Vol. 41, No. 2, pp. 335—361.

Adler and Kwon 的观点[①]，把关系资本分为了内部关系资本和外部关系资本，其中内部关系资本使用 Youndt 等人在 2004 年研究中测量关系资本的量表，外部关系资本则是用 Reed 等人开发了两个题项来测量。对这个研究的量表分析可以发现，其所说的内部社会资本是指员工之间的关系，而外部社会资本是指组织与外部关联方的联系。结合本研究所选用的结构资本定义，以及在过往研究的分析，本研究中的结构资本实际上是包含了组织知识和组织关系，也就是智力资本三元分类法中所提出的组织资本和关系资本。

基于这样的概念定义和结构，本研究采用 Youndt 等人的研究中的组织资本量表和关系资本量表，以及 Reed 等人 2006 年文章中用来测量组织资本和内外关系资本的量表[②]，进行修改后形成本研究预调查问卷中的结构资本量表。量表中的题项陈述例如：我们单位有内部的数据库供各部门的工作人员使用；我们与其他单位建立有良好的互动关系。采用里克特 6 点量表计分，要求被调查者根据自己所在单位的结构资本相关情况进行选择：1 表示完全不符合；6 表示完全符合。具体的题项如下表所示。

使用预调查数据对结构资本量表进行信度分析。从数据看，Cronbach's Alpha 为 0.888。表明问卷具有良好的信度。使用探索性因子分析法来检验量表的效度。先检验数据进行因子分析的适宜性。从 KMO 值为 0.893，Bartlett 球度检验达 0.000 水平

---

① Paul S. Adler and Seok-Woo. Kwon, "Social Capital: Prospects for a New Concept", *Academy of Management Review*, 2002, Vol. 27, No. 1, pp. 17—40.

② Kira Kristal Reed, Michael Lubatkin and Narasimhan Srinivasan, "Proposing and Testing an Intellectual Capital-Based View of the Firm", *Journal of Management Studies*, 2006, Vol. 43, No. 4, pp. 867—893.

显著，适宜使用预调查样本进行因子分析。然后采用主成分分析，进行最大变异旋转，得出特征值大于1的因子有两个。两个因子累计的变异解释率超过70%。根据题项内容可以判断，两个因子中一个属于组织知识，另一个属于关系资本，与构想的维度结构完全吻合。量表表现出较好的结构效度。

表4-6 结构资本量表预调查因子分析结果

	因子1	因子2
项目内容	组织知识	关系资本
我们单位会把与各项业务有关的知识都存储在数据库里	0.851	0.246
我们单位有内部的数据库供各部门的工作人员使用	0.845	0.177
我们单位的大部分知识都包含在工作指导手册这样的文件里	0.721	0.202
我们单位建有资料库（或知识库、数据库）来记录和分享各种工作经验和教训	0.656	0.393
我们单位的工作程序中包含了很多知识和信息	0.636	0.414
公众对我们单位是满意的	0.290	0.905
我们与其他单位建立有良好的互动关系	0.224	0.866
我们单位鼓励各部门通过合作解决工作中的问题	0.296	0.782
特征值	3.014	2.639
变异解释量(%)	37.677	32.989
累计变异解释量(%)	37.677	70.665

注：表中的数据结果经过了最大变异法旋转。

组织绩效(Organizational Performance, OP)

公共部门的两个特征：一是公共部门组织通常要服务于多个利益相关者，如使用者、纳税人、政治家；第二，由第一个问题引起的，由于利益多头，从而组织的工作目标也是多样化的[①]。Wall等人在2004年的研究就认为使用感知的评价（评价者主观评价）来测量公共部门的绩效是可行而且适当的[②]。因为公共部门组织的绩效表现形式多样，难以直接量化。而且研究已经发现，使用感知的数据来评估组织绩效与其它使用客观数据来评估的绩效是正相关的[③]。另外，因为非赢利组织通常都没有通用的客观数据作为绩效评估依据，使用感知数据作为绩效评估信息便于对公共组织和非赢利组织进行绩效测量。

研究者一般是从政府部门绩效的结构来解析绩效的内容和指标。比如Boyne就提出了一个适用于具体的政府机构的绩效考核指标体系。这个体系包含了5类（产出、效率、服务结果、响应性、民主结果）共15个指标[④]。15个指标中大部分是主观判断指标，也就是感知型的指标。Julian Goula-Williams在2003年的研究中分析公共部门人力资源管理措施对工作信任和组织绩效的影响时，用经济价值、服务质量和服务有效性三个指标来测量公共组织的绩效。研究中使用了感知性的量表测量组织的绩效。采用的是里克特量表对总体产出进行评价。Cronbach's Alpha为

---

① Avinash Dixit, "Incentives and Organizations in The Public Sector: An Interpretative Review", *The Journal of Human Resources*, 2002, Vol. 37, No. 4, pp. 696—727.

② Toby D. Wall, Jonathan Michie, Malcolm Patterson, Stephen J. Wood, Maura Sheehan, Chris W. Clegg and Michael West, "On the Validity of Subjective Measures of Company Performance", *Personnel Psychology*, 2004, Vol. 57, No. 1, pp. 95—118.

③ Marc J. Dollinger and Peggy A. Golden, "Interorganizational and Collective Strategies in Small Firms: Environmental Effects and Performance", *Journal of Management*, 1992, Vol. 18, No. 4, pp. 695—715.

④ George A. Boyne, "Concepts and Indicators of Local Authority Performance: An Evaluation of the Statutory Frameworks in England and Wales", *Public Money and Management*, 2002, Vol. 22, No. 2, pp. 17—24.

0.87。涉及的问题包括：本组织提供卓越的服务；本组织能提供卓越的经济价值；服务的使用者很少抱怨；本组织是浪费资源的；总体来说我认为本部门的绩效是优秀的。Delarney and Huselid 使用“美国组织调查”(National Organization Survey)的数据对组织的人力资源管理措施对组织绩效的影响进行分析。其中关于组织绩效的数据是各组织中被调查者对于组织绩效的主观评价数据。在获取被调查者感知的组织绩效时，就是要求被调查者把自己的组织与其它的类似组织进行对比，然后再根据对比进行评价①。具体的陈述比如：“在过去三年中，把你的组织与其它类似的组织进行比较时，在以下指标上你们做得如何？”题项内容包括：产品、服务或项目的数量；新产品、新服务或新项目的开发；吸引到关键雇员的能力；留住关键雇员的能力；顾客或委托人满意度；管理者与雇员之间的关系；雇员相互之间的关系等。这一量表，还被其它多个研究所采用(如 Harel & Tzafrir 的研究②)。此种陈述方式，能够引导被调查者根据组织在过去的绩效状况做出平滑的评价，避免使用单一考核年度的绩效来表征组织的整体绩效状况。在分析智力资本以及组织绩效关系的相关研究中，针对公共部门的研究多采用管理者评价的感知数据来测量组织绩效。这样的测量方式更符合了非盈利性组织的特点，而且也是一种可行可信的测量方法。即使在一些针对盈利性组织的研究中，也常

---

① John T. Delaney and Mark A. Huselid, “The Impact of HRM Practiceson Perceptions of Organizational Performance”, *Academy of Management Journal*, 1996, Vol. 39, No. 4, pp. 949—969.

② Gedaliahui Harel and Shay S. Tzafrir, “The Effect of Human Resource Management Practices on The Perceptions of Organizational and Market Performance of The Firm”, *Human Resource Management*, 1999, Vol. 38, No. 3, pp. 185—199.

能够见到采用感知数据来测量组织绩效。

根据本研究的研究目的和公共组织的特征,本研究中对于组织绩效的测量主要采用管理者评价的方式。从内容上说,主要参照 Walker & Boyne 的研究使用的组织内部绩效评价量表所用的绩效项目①,并结合 Gould-Williams 的研究②和 Delarney & Huselid 的研究③中所使用的组织绩效测量工具。由于本研究需要特别考察组织在资源配置和运行效率方面的绩效,所以在绩效测量的题项上设置了测量资源配置效率和调查管理者如何评价"在过去三年中,把你们单位与其它地方类似单位进行比较时,你们单位在以下指标上做得如何"。指标包括:服务或项目的质量,反应速度,服务对象的满意度,社会对本单位的整体评价,组织运转的效率等。具体的题项陈述见下面的因素分析表。采用里克特6点量表计分,评价本单位与其他类似单位相比:1 表示有很大差距;2 表示有差距;3 表示稍微有点差距;4 表示稍微好一些;5 表示好于其它单位;6 表示远远好于其它单位。

在预调查中对组织绩效量表的信度和效度进行分析。在信度方面,Cronbach's Alpha 为 0.948,表明问卷具有良好的一致性。从因子分析的结果来看。从 KMO 值为 0.909,Bartlett 球度

---

① Richard M. Walker and George A. Boyne,"Public Management Reform and Organizational Performance: An Empirical Assessment of the UK Labour Government's Public Service Improvement Strategy", *Journal of Policy Analysis and Management*, 2006, Vol. 25, No. 2, pp. 371—393.

② Julian Gould-Williams,"The Importance of HR Practices and Workplace Trust in Achieving Superior Performance: A Study of Public-sector Organizations", *International Journal of Human Resource Management*, 2003, Vol. 14, No. 1, pp. 28—54.

③ John T. Delaney and Mark A. Huselid,"The Impact of HRM Practiceson Perceptions of Organizational Performance",*Academy of Management Journal*, 1996, Vol. 39, No. 4, pp. 949—969.

检验达 0.000 水平显著，适宜使用预调查样本进行因子分析。经过因子萃取，选取特征值大于 1 的因子一个，特征值为 4.763，变异解释率为 79.377%。量表与构想结构吻合。因子在各项目载荷都超过了 0.78，使公共组织绩效量表具有较好的结构效度。

表 4-7 组织绩效量表预调查因子分析结果

项目内容	因子 1 组织绩效
服务或项目的质量	0.936
组织运转的效率	0.913
资源的配置效率（包括资金和其它物质资源）	0.903
服务对象的满意度	0.868
社会对本单位的整体评价	0.866
履行职能的反应速度	0.858
特征值	4.763
变异解释量（%）	79.377
累计变异解释量（%）	79.377

人力资源开发策略类型（Human Resource Development Strategy）

正如前面研究构架部分所述，本研究设想组织可以通过四种人力资源开发策略来实现人力资本和结构资本的配置。本研究提出的人力资源开发策略四种类型分别为：平衡发展型、结构导向型、收缩型、人员导向型。这四种类型的策略是根据其所包含的人力资源开发措施以及这些措施的导向性不同而划分的。具体来说，“平衡发展型”是指组织所使用的人力资源开发措施，既注重发展人力资本，也注重发展结构资本，并且促进人力资本与结构资本间的平衡和转化。“结构导向型”人力资源开发策略是指，组织所使用的人力资源开发措施主要是针对结构资本的发展，而不倾向于发展人力资本。“收缩型”策略是指组织所使用的人力资源开发措施，严格控制在人力资本和结构资本上的投资。“人员导向型”人力资源开发策略是指组织所使用的人力资源开发措施，主要是针对人力资本的发展，而不倾向于发展结构资本。本研究假设四种类型的开发策略，会带来四种不同的人力资本与结构资本的组合，形成不同的组织智力资本形态。

所有的被调查者需要根据自己组织的情况在四类人力资源开发策略类型中进行评价，所有的措施都需要评价。Lepak & Snell 在 2002 年的论文中对人力资源构型（HR Configuration）的设计，把组织在人力资源管理中招聘、培训、绩效等五个模块中不同性质的管理措施归入了四类人力资源构型。每个类型的构型包含若干的管理措施①。Youndt 等人的研究②、Delaney & Huselid 的研究③以及 Youndt & Snell（2004）的研究④都使用了此种评价方法。这样组织既可以通过增加措施来得分，也可以通过提升每个措施的水平来得分。而且不需要人为强制地把某个组织划分为某个具体的构型，能够更加客观地反映现实状况，因为某些公

---

① David P. Lepak and Scott A. Snell，“Examining the Human Resource Architecture：The Relationships among Human Capital，Employment，and Human Resource Configurations”，*Journal of Management*，2002，Vol. 28，No. 4，pp. 517—543.

② Mark A. Youndt，Scott A. Snell，David P. Lepak，et al，“Human Resource Management，Manufacturing Strategy，and Firm Performance”，*Academy of Management Journal*，1996，Vol. 39，No. 4，pp. 836—866.

③ John T. Delaney and Mark A. Huselid，“The Impact of HRM Practiceson Perceptions of Organizational Performance”，*Academy of Management Journal*，1996，Vol. 39，No. 4，pp. 949—969.

④ Mark A. Youndt and Scott A. Snell，“Human Resource Configurations，Intellectual Capital，and Organizational Performance”，*Journal of Managerial Issues*，2004，Vol. 16，No. 3，pp. 337—360.

共组织并不是只归属于某个具体的 HR 构型，而是一个综合体。这样的处理方法避免了研究者因为把组织强制归属类型而造成信息损失。

根据以上讨论，本研究的人力资源开发策略包含资源投入、人力资源获取、培训、知识管理、知识库建设、组织文化氛围建设、制度建设、关系建设八个方面。针对四种人力资源开发策略，专家小组成员首先各自提出每种策略在这八个面的具体表现，并说明每种策略所含各项措施之间的协同作用。然后专家组通过两轮讨论确定四种类型的人力资源开发策略所含各项措施。在施测过程中，要求被调查者对所有的措施题项，根据自己所在单位的实际情况逐项进行评价。同样是采用 6 点计分，要求被调查者根据自己所在单位的情况进行选择，评价出所列各条措施在多大程度上符合组织的实际状况：1 表示完全不符合；2 表示不符合；3 表示有点不符合；4 表示有点符合；5 表示符合；6 表示完全符合。每个公共组织的两位被调查者的评价均值作为以后单个样本在各个人力资源开发策略类型上的指数得分。四种人力资源开发策略类型所包含的具体措施如下列各表所示。表中同时提供根据预调查数据计算的各个策略类型的 Cronbach's Alpha 值。

表 4-8 平衡发展型人力资源开发策略包含的开发措施题项

平衡发展型人力资源开发策略的开发措施	Cronbach's Alpha
我们的培训项目既是向工作人员传递信息的过程，也是单位向大家学习吸收经验和信息的过程	0.928
我们的考核办法既鼓励个人发展也鼓励个人与单位的融合	
我们单位既注重发展单位整体与其他单位的关系网络，也激励工作人员发展属于自己的个人关系网络	

续表

平衡发展型人力资源开发策略的开发措施	Cronbach's Alpha
我们既注重投资于人员素质的提升，也注重投资于发展内部的信息系统、知识系统	0.928
我们用于人员培训发展的预算与用于信息系统建设、管理制度建设的预算一样多	
我们的信息系统既方便工作人员获取知识，也方便工作人员向组织传递和分享各种知识和信息	
我们的组织文化强调个人与集体的共同发展	
我们有专门的项目来促进个人知识与组织知识之间的转换和互动	
有专门的领导分管“知识收集和知识分享工作”	

表 4-9 结构导向型人力资源开发策略包含的开发措施题项

结构导向型人力资源开发策略的开发措施	Cronbach's Alpha
我们向本单位人员提供严格标准化的培训项目	0.868
我们的培训项目强调遵守制度、规范和程序	
我们有严格的考核指标和考核标准	
我们通过改进工作程序来降低费用、资源的消耗	
我们用于信息系统建设、管理制度建设的资金多于用在人力资源开发的资金	
我们单位投入大量的资源来开发便于工作人员查询和使用的知识库、信息库	
我们有固定的正式程序让大家在单位内分享工作中的知识和经验	
我们鼓励员工持续地更新单位的数据库或知识库	
我们单位要求工作人员严格按照规程进行工作	
我们单位是服务导向的，并与服务对象建立了良好的关系	

表 4-10 收缩型人力资源开发策略包含的开发措施题项

收缩型人力资源开发策略的开发措施	Cronbach's Alpha
我们单位没有严格的招聘程序	0.907
我们单位用于人力资源培训开发的资金非常有限	
我们单位只有非常有限的资金用于组织发展	
我们单位没有信息系统或知识库	
我们单位缺乏清晰的组织文化	

表 4-11 人员导向型人力资源开发策略包含的开发措施题项

人员导向型人力资源开发策略的开发措施	Cronbach's Alpha
我们的招聘程序包含多种甄选方式,而且很严格	0.881
我们建立了内部的人才储备库	
招聘中,我们既注重人员的素质,也注重其发展潜力	
我们单位为工作人员提供范围广泛的培训项目	
我们单位为工作人员提供持续发展的机会	
我们单位对人力资源开发的投资高于对其它方面(如:信息系统、知识手册等硬件)的投资	
我们单位的工作人员多数情况下只能运用个人的知识解决工作中出现的问题	
我们单位的文化非常强调个人能力对组织的重要性	
我们鼓励单位工作人员之间进行正式的和非正式的合作与交流,鼓励他们建立自己的关系网	

从以上各表中的 Cronbach's Alpha 数据来看,各个策略类型指数题项都具有较好的内部一致性,而且经过专家小组的讨论保证了工具的内容效度。因此,评价组织人力资源开发策略类型的工具有良好的信度和效度,可以用于正式的调查研究。

控制变量

在相关研究中，一般把组织规模、产业环境作为控制变量。原因在于，针对盈利性组织的研究，以上提及的变量会对组织的绩效产生影响。为了检验管理措施对绩效产生的作用，需要控制住可能影响的因素。对于公共部门组织来说，特别是本研究样本所取的党政部门的组织来说，具有相同的性质，不存在产业环境的影响。

对于公共部门而言，根据以往研究的结果显示，行政级别、组织规模和单位所在地域都会对组织的绩效产生影响。本研究为了分析智力资本对组织绩效的影响，收集了样本组织上述特征变量的数据。其中行政级别分别用代码 2—5 编码：2—科级；3—县处级；4—地厅级；5—省部级。所有的副级单位都归属到该类级别，即副处级、正处级单位都归属于县处级，副厅级、正厅级单位都归属于厅局级，副部级、正部级单位都归属于省部级。之所以从科级开始编码，是因为符合要求（要求具有独立的人事权，设有人事部门）的样本都处在科级及以上。另外，为了使个人信息编码与组织编码具有协调性，被调查者的个人行政级别编码与组织编码相统一。

组织规模指的是组织内工作人员的数量。要求被调查者直接填写组织人员数量。

地域分布，要求被调查者填写单位所在的省（直辖市）。编码时，按照 2008 年各省/直辖市的人均 GDP 的排名进行编码。其中，排名前十的省/自治区/直辖市编码为 0，其它编码为 1。具体来说，位于北京、上海、天津、江苏、浙江、广州、福建、辽宁、山东的样本在地域上编码为 0，在甘肃、河北、河南、黑龙江、湖北、吉林、江西、云南、重庆的样本编码为 1。

第五章　研究结果与分析

对收集到的数据，按照上一章所述编码方法录入到数据表，使用 SPSS16.0 和 AMOS16.0 统计软件作为数据分析工具，所使用的分析方法包括描述性统计分析、因子分析、相关分析、回归分析、路径分析。具体分析过程和结果报告如下。

一、对问卷的信度与效度检验

在正式调查研究阶段对调查问卷中的各个量表进行信度和效度检验。正如上一部分所阐述的，本问卷中的人力资本量表是根据国外研究者已有研究成果翻译过来，知识可重复性量表、公共组织绩效量表是为了本研究而修订或新编制的量表。为了检验直接引用量表在本研究样本中的适用性，以及检验修订或新编制量表的信度和效度，本研究在正式研究之前进行了预调查，专门来检验量表的质量。相关的数据和结果报告在前一部分（研究方法）中。通过预调查及分析对各量表进行了检验和修订，编制成为正式调查研究所用问卷。预调查阶段被视为测量工具的一个开发过程。

以下分析就是在正式调查研究阶段对量表的信度和效度检验。所有数据都是以正式调查阶段选取的 217 个组织为样本。

1. 知识密集度量表

知识密集度量表的内部一致性系数(Cronbach's Alpha)为0.928,表现出较高的信度。使用验证性因子分析法来分析量表的结构,量表的KMO值为0.747,Bartlett球度检验达0.000水平显著,适宜进行因子分析。单一维度因子验证,特征值为2.624,变异解释量为87.480%。量表在正式调查研究阶段表现出良好的效度。

表5-1 知识密集度量表样本适宜性检验结果

KMO样本适当性		0.747
Bartlett球度检验	Approx. Chi-Square	525.359
	df	3.000
	Sig.	0.000

表5-2 知识密集度量表因子分析结果

	因子1
项目内容	知识密集度
知识含量高是我们单位主要业务的一大特点	0.954
外界都认为我们单位的服务包含了大量的知识	0.928
本单位在履行职责过程中要使用大量的知识	0.924
特征值	2.624
变异解释量(%)	87.480
累计变异解释量(%)	87.480

2. 知识可重复性量表

知识可重复性量表的内部一致性系数(Cronbach's Alpha)为0.846。从结果看知识可重复性量表具有较好的信度。另外,使用探索性因子分析法来分析量表的结构,KMO值为0.707,Bartlett球度检验达0.000水平显著,适宜进行因子分析。验证单一维度的因子构成，特征值为2.387，方差贡献率为79.562%。量表具有较好的结构效度以及信度。

表5-3　知识密集度量表样本适宜性检验结果

KMO样本适当性		0.707
Bartlett球度检验	Approx. Chi-Square	338.475
	df	3.000
	Sig.	0.000

表5-4　知识可重复性量表因子分析结果

项目内容	因子1 知识可重复性
本单位在履行职责过程中所用到的知识需要经常重复使用	0.927
知识的重复使用率高是我们单位的主要业务的一大特点	0.874
外界都认为我们单位的主要业务重复性很高	0.873
特征值	2.387
变异解释量(%)	79.562
累计变异解释量(%)	79.562

3. 人力资本量表

人力资本量表的内部一致性系数(Cronbach's Alpha)为0.907，具有良好的信度。数据显示样本适宜进行因子分析。从验证性因子分析的结果来看，验证单一维度的因素的特征值为4.497，方差贡献率为64.249%，高于60%，具有较好的结构效度。

表 5-5 人力资本量表样本适宜性检验结果

KMO 样本适当性		0.873
Bartlett 球度检验	Approx. Chi-Square	987.258
	df	21.000
	Sig.	0.000

表 5-6 人力资本量表因子分析结果

	因子 1
项目内容	人力资本
我们单位的工作人员具有较高的技能	0.822
我们单位的工作人员都具有较高的知识水平	0.821
我们单位的工作人员愿意为组织付出他们的全部	0.806
我们单位的工作人员都能够出色的完成任务	0.803
我们单位的工作人员都被公认为各自专业领域内的专家	0.795
我们单位的工作人员能开发新知识，创造新的工作思路	0.782
我们单位的工作人员都能很好地在各自的部门或团队内相互合作	0.781
特征值	4.497
变异解释量(%)	64.249
累计变异解释量(%)	64.249

4. 结构资本量表

在正式调查中，结构资本量表的 Cronbach's Alpha 为 0.869，表明问卷具有较好的信度。KMO 值为 0.850，Bartlett 球度检验达 0.000 水平显著，适宜进行因子分析。使用验证性因子分析，验证两个因子维度，使用最大变异法旋转，得到的两个维度的因子，特征值分别为 2.877 和 2.565。各因子所关联的题项与预调查所分析的结构吻合。两个因子累计变异解释量为68.021%。量表具有较好的结构效度。

表5-7　结构资本量表样本适宜性检验结果

KMO样本适当性		0.850
Bartlett球度检验	Approx. Chi-Square	854.506
	df	28.000
	Sig.	0.000

表5-8　结构资本量表因子分析结果

项目内容	因子1 组织知识	因子2 关系资本
我们单位会把与各项业务有关的知识都存储在数据库里	0.829	0.286
我们单位有内部的数据库供各部门的工作人员使用	0.825	0.187
我们单位的大部分知识都包含在工作指导手册这样的文件里	0.713	0.064
我们单位的工作程序中包含了很多知识和信息	0.661	0.419
我们单位建有资料库(或知识库、数据库)来记录和分享各种工作经验和教训	0.626	0.335
公众对我们单位是满意的	0.242	0.882
我们单位鼓励各部门通过合作解决工作中的问题	0.166	0.832
我们与其他单位建立有良好的互动关系	0.294	0.829
特征值	2.877	2.565
变异解释量(%)	35.957	32.065
累计变异解释量(%)	35.957	68.021

注：在因子分析过程中使用最大变异旋转法。

5. 组织绩效

在预调查中对组织绩效量表的信度和效度进行分析。在信度方面,Cronbach's Alpha 为 0.932,删去任何题项都将会降低 Cronbach's Alpha,表明问卷具有良好的一致性。KMO 值为 0.894,Bartlett 球度检验达 0.000 水平显著,适宜进行因子分析。从验证性因子分析的结果来看。验证单一维度因子,特征值为 4.482,变异解释率达到 74.696%。因子在各项目载荷都超过了 0.8。结果显示,本研究中公共组织绩效量表具有较好的结构效度。

表 5-9 组织绩效量表样本适宜性检验结果

KMO 样本适当性		0.894
Bartlett 球度检验	Approx. Chi-Square	1062.146
	df	15.000
	Sig.	.000

表 5-10 组织绩效量表因子分析结果

	因子 1
项目内容	组织绩效
服务或项目的质量	0.922
资源的配置效率(包括资金和其它物质资源)	0.878
组织运转的效率	0.872
社会对本单位的整体评价	0.849
服务对象的满意度	0.847
履行职能的反应速度	0.814
特征值	4.482
变异解释量(%)	74.696
累计变异解释量(%)	74.696

6. 人力资源开发策略类型指数

下面各个表框是对四种类型的人力资源开发策略的内部一致性检验，以及每一种策略所包含的措施的数据特征描述，包括每个题项的均值、标准差以及如果删除该题项后的总体 Cronbach's Alpha，并在后面报告了该类题项现在总体的 Cronbach's Alpha。从下面的结果看，四种人力资源开发策略类型的信度良好。

表 5-11 平衡发展型人力资源开发策略包含的开发措施内部一致性检验结果

平衡发展型人力资源开发策略的措施	均值	标准差	如果删除该题项后的总体 Cronbach's Alpha	总体 Cronbach's Alpha
我们的培训项目既是向工作人员传递信息的过程，也是单位向大家学习吸收经验和信息的过程	3.88	1.060	0.931	0.935
我们的考核办法既鼓励个人发展也鼓励个人与单位的融合	3.83	1.030	0.926	
我们单位既注重发展单位整体与其他单位的关系网络，也激励工作人员发展属于自己的个人关系网络	3.70	1.091	0.925	
我们既注重投资于人员素质的提升，也注重投资于发展内部的信息系统、知识系统	3.76	1.049	0.924	
我们用于人员培训发展的预算与用于信息系统建设、管理制度建设的预算一样多	3.34	1.148	0.924	
我们的信息系统既方便工作人员使用，也方便工作人员发布和分享各种知识和信息	3.68	1.148	0.932	
我们的组织文化强调个人与集体的共同发展	3.87	1.073	0.928	
我们有专门的项目来促进个人知识与组织知识之间的转换和互动	3.35	1.119	0.924	
有专门的领导分管“知识收集和知识分享工作”	3.13	1.254	0.931	

表5-12 结构导向型人力资源开发策略包含的开发措施题项内部一致性检验结果

结构导向型人力资源开发策略的措施	均值	标准差	如果删除该题项后的总体Cronbach's Alpha	总体Cronbach's Alpha
我们向本单位人员提供严格标准化的培训项目	3.42	1.138	0.853	0.872
我们的培训项目强调遵守制度、规范和程序	3.85	1.053	0.853	
我们有严格的考核指标和考核标准	3.89	1.062	0.853	
我们通过改进工作程序来降低费用、资源的消耗	3.70	1.005	0.851	
我们用于信息系统建设、管理制度建设的资金多于用在人力资源开发的资金	3.95	1.023	0.872	
我们单位投入大量的资源来开发便于工作人员查询和使用的知识库、信息库	3.56	1.084	0.861	
我们有固定的正式程序让大家在单位内分享工作中的知识和经验	3.56	1.012	0.855	
我们鼓励员工持续地更新单位的数据库或知识库	3.63	1.073	0.854	
我们单位要求工作人员严格按照规程进行工作	4.34	1.068	0.867	
我们单位是服务导向的,并与服务对象建立了良好的关系	4.02	1.118	0.864	

表5-13 收缩型人力资源开发策略包含的开发措施题项内部一致性检验结果

收缩型人力资源开发策略的措施	均值	标准差	如果删除该题项后的总体Cronbach's Alpha	总体Cronbach's Alpha
我们单位没有严格的招聘程序	3.06	1.066	0.864	0.887

续表

收缩型 人力资源开发策略的措施	均值	标准差	如果删除该题项后的总体 Cronbach's Alpha	总体 Cronbach's Alpha
我们单位的人力资源开发预算资金非常有限且逐年递减	2.98	1.010	0.859	0.887
我们单位只有非常有限的资金用于组织发展	3.16	1.137	0.843	
我们单位没有信息系统或知识库	2.67	1.106	0.879	
我们单位缺乏清晰的组织文化	3.06	1.217	0.864	

表 5-14 人员导向型人力资源开发策略包含的开发措施题项内部一致性检验结果

人员导向型 人力资源开发策略的措施	均值	标准差	如果删除该题项后的总体 Cronbach's Alpha	总体 Cronbach's Alpha
我们的招聘程序包含多种甄选方式，而且很严格	4.03	1.183	0.883	0.889
我们建立了内部的人才储备库	3.53	1.186	0.878	
我们鼓励单位工作人员之间进行正式的和非正式的合作与交流，鼓励他们建立自己的关系网	3.80	1.016	0.881	
招聘中，我们既注重人员的知识和技能，也注重其它各种素质	4.15	1.066	0.873	
我们单位为工作人员提供范围广泛的培训项目	3.61	1.145	0.866	
我们单位为工作人员提供持续发展的机会	3.76	1.037	0.866	
我们单位对人力资源开发的投资高于对其它方面（如：信息系统、知识手册等硬件）的投资	3.09	0.982	0.882	
我们单位的工作人员多数情况下只能运用个人的知识解决工作中出现的问题	3.08	1.047	0.880	
我们单位的文化非常强调个人能力对组织的重要性	3.31	1.123	0.878	

表5–15　主要变量相关性分析

	均值	标准差	1	2	3	4	5	6	7	8	9	10	11	12
1 组织规模	189.80	284.203	1.000											
2 组织级别	2.89	0.843	.422**	1.000										
3 地域	0.37	0.484	−0.021	-.149*	1.000									
4 知识密集度	4.55	0.912	-.016	-.090	-.057	1.000								
5 知识可重复性	4.80	0.765	-.084	.014	-.106	.403**	1.000							
6 人力资本	3.75	0.898	-.243**	-.080	-.066	.326**	.165*	1.000						
7 结构资本	3.87	0.796	-.016	-.018	-.097	.224**	.248**	.673**	1.000					
8 组织绩效	3.93	0.895	-.170*	-.072	.006	.215**	.211**	.769**	.787**	1.000				
9 平衡发展型	3.62	0.900	-.183**	-.100	-.084	.206**	.151*	.721**	.717**	.754**	1.000			
10 结构导向型	3.79	0.725	-.083	-.011	-.149*	.133	.192**	.582**	.754**	.684**	.748**	1.000		
11 收缩型	2.99	0.920	.110	-.078	.126	-.044	-.177**	-.559**	-.641**	-.627**	-.658**	-.634**	1.000	
12 人员导向型	3.59	0.792	-.202**	-.095	-.092	.148*	.123	.700**	.637**	.725**	.867**	.739**	-.602**	1.000

注：均为双尾检验，** 表明显著性水平 $p<0.01$，* 表明显著性水平 $p<0.05$，N=217。

二、人力资本及结构资本对组织绩效的影响分析

对人力资本及结构资本对组织绩效的影响进行回归分析，采用分层回归的方法。首先放入控制变量，包括：组织规模、组织的行政级别、组织的地域。组织规模属于连续变量。行政级别由于是按照从低到高的层次编码，而且行政级别间差距相差一个级别，根据以往研究的经验，可以近似处理为连续变量；另外，地域使用的 0—1 编码，采用虚拟变量(Dummy Variable)方式，可直接加入回归处理。具体的回归结果如下。

表 5-16　人力资本和结构资本对组织绩效的回归分析

	组织绩效			
变量	模型一	模型二	模型三	模型四
控制变量				
组织规模	-0.170*	0.025	-0.156***	-0.064
组织级别	0.000	-0.012	0.035	0.010
所属地域	0.003	0.056	0.084*	0.084*
智力资本				
人力资本		0.778***		0.412***
结构资本			0.792***	0.516***
R^2	0.029	0.595	0.650	0.734
F	2.118	77.958***	98.566***	116.409***

注：***表示显著性水平 $p<0.001$，**表示 $p<0.01$，*表示 $p<0.05$，N=217。

回归系数经过标准化。

在上面的回归分析中可以看到，模型一使用组织规模、组织级别、所属地域作为控制变量首先引入回归方程。模型一的 F 值不显著，R^2 非常小。控制变量对组织绩效影响不显著，有利于后

面开展的分析。再看模型二，在模型一控制变量的基础上，还引入了人力资本作为自变量。统计结果显示，模型二的 F 值为 77.958，其达到且显著性水平 p 小于 0.001，模型通过了显著性检验，所有变量能够解释因变量（组织绩效）60.0%的变异。在模型二中，人力资本的回归系数达到 0.778（$p<0.001$），说明人力资本对于公共组织绩效具有显著且重要的影响作用。再来看模型三，是在控制变量之外再单独引进结构资本作为自变量，对组织绩效进行回归。数据结果显示模型三的 F 值为 98.566 且非常显著（$p<0.001$）。模型通过显著性检验，而且说明结构资本引入模型，能够很好地解释因变量的变异。而且相对于模型二来说，R^2 有了增加。在模型三中，结构资本的标准化回归系数是 0.792 且显著，说明结构资本同样对组织绩效具有显著的影响作用。在模型三中，可以发现组织规模对于因变量的影响变得显著。最后，来看模型四，在控制变量的基础上，把人力资本和结构资本作为因变量同时引入到模型中，模型 F 值为 116.409，显著性水平 p 小于 0.001。模型四与模型二、模型三进行对比，可以看到，在引入两个变量之后，人力资本和结构资本的回归系数有所下降，但仍然非常显著（$p<0.001$）。模型四的 R^2 达到 0.73，高于模型二和模型三，说明模型四更多的解释了组织绩效的变异。这一组回归的分析显示了，组织的人力资本和结构资本共同对于公共部门组织的绩效具有显著的积极作用。

三、知识密集度及知识可重复性的调节作用分析

正如在研究框架部分所讨论的，对于“匹配”的检验，研究者多采用通过分析调节效应来验证。在本研究中把智力资本与业

务知识特征之间“匹配”程度对组织绩效的影响的假设经过操作化以后,形成了假设1到假设4。从操作的角度来说,就是以组织绩效为因变量,以人力资本、结构资本为自变量,分别以知识密集度和知识可重复性作为调节变量。要验证知识密集度和知识可重复性对于人力资本和结构资本与组织绩效之间的关系产生的影响,就是检验调节变量对“自变量和因变量之间关系”的影响作用。选择人力资本和结构资本作为自变量,而把知识密集度和知识可重复性作为调节变量,依据是以往的众多研究已经说明了人力资本和结构资本对组织绩效具有直接作用;而组织的业务是组织职能(或使命)所决定的,且具有相对稳定性。组织的业务并不能影响或决定组织绩效。

验证调节作用一般采用在逐步回归中检验交互效应的方式来进行。本研究也采用检验回归中交互效应的方式来进行分析。先在回归模型中,放入控制变量,然后在模型中放入自变量,接着再放入调节变量,最后加入调节变量与因变量的交互项。通过观察每一步模型的显著性、解释力变化(ΔR^2)及其显著性来判断交互效应是否显著,从而分析调节效应是否显著。

1. 对知识密集度调节作用的验证分析

首先分析知识密集度对人力资本及结构资本与组织绩效的关系的调节作用。也就是分析检验假设1和假设2①。

① 为了便于区分,将检验知识密集度与智力资本交互作用的回归模型,用代码1编号,四个步骤的模型分别为1a、1b、1c、1d。检验知识可重复性与智力资本交互作用的回归模型,用代码2编号,四个步骤的模型分别为2a、2b、2c、2d。

表 5-17　知识密集度与智力资本交互作用回归分析结果

	结果变量:组织绩效			
变量	第一步(1a)	第二步(1b)	第三步(1c)	第四步(1d)
控制变量				
组织规模	-0.170*	-0.064	-0.060	-0.060
组织级别	0.000	0.010	0.006	-0.003
所属地域	0.003	0.084*	0.082*	0.081*
智力资本				
人力资本		0.412***	0.425***	0.395***
结构资本		0.516***	0.516***	0.465***
调节变量				
知识密集度			-0.035	0.003
交互项				
人力资本×知识密集度				0.223***
结构资本×知识密集度				-0.063
R^2	0.029	0.734	0.735	0.766
F	2.118	116.409***	97.089***	85.150***
ΔR^2	0.029	0.705	0.001	0.031
ΔF	2.118+	279.537***	0.864	13.806***

注:***表示显著性水平 $p<0.001$,**表示 $p<0.01$,*表示 $p<0.05$,+表示 $p<0.10$,N=217。

回归系数经过标准化。

表 5-18　知识密集度与智力资本交互作用回归模型总体效果参数

模型(分步)	变化量统计						
	R	R^2	调整 R^2	标准误	R^2变化量	F 变化量	F 变化量显著性
1a	0.170[a]	0.029	0.015	0.888466	0.029	2.118	0.099
1b	0.857[b]	0.734	0.728	0.467266	0.705	279.537	0.000

续表

模型（分步）	变化量统计						
	R	R^2	调整 R^2	标准误	R^2变化量	F 变化量	F 变化量显著性
1c	0.857[c]	0.735	0.727	0.467417	0.001	0.864	0.354
1d	0.875[d]	0.766	0.757	0.441280	0.031	13.806	0.000

a. 预测变量：地域、组织规模、行政级别；
b. 预测变量：地域、组织规模、行政级别、人力资本、结构资本；
c. 预测变量：地域、组织规模、行政级别、人力资本、结构资本、知识密集度；
d. 预测变量：地域、组织规模、行政级别、人力资本、结构资本、知识密集度、人力资本×知识密集度、结构资本×知识密集度；
e. 结果变量：组织绩效。

正如表 5-17 所示，采用层级回归。先引入了控制变量，第二步加入人力资本、结构资本，然后再引入调节变量（也就是组织知识密集度）。最后一步再放入人力资本与知识密集度的交互项，结构资本与知识密集度的交互项，逐步进行回归。然后分析交互项引入对于回归模型的影响及其显著性。为了减小变量间存在的多重共线性的问题。在检验交互效应之前，需要将所有变量进行中心化（各个数据减去该变量的均值）。表中所有模型中的变量在进行回归之前均经过中心化处理。

从表 5-17 的数据结果可以看出，第二步、第三步、第四步的模型都通过了显著性检验（F 值分别为 116.409，97.089，85.150），说明模型良好，所含变量能够较好地解释因变量（组织绩效）的变异。具体来看，第三步模型（1c）在第二步的基础上又引入了知识密集度作为预测变量，而整个模型的解释力没有得到改进（1c 模型 $\Delta R^2 = 0.001$）。这一结果说明了在设计检验模型时，把匹配双方中的知识密集度设置为调节变量是恰当的。在前面分析的基础上，第四步（1d）再加入了交互项之后（人力资本×知识密集度，结构资本×知识密集度),可以看到,模型对于结果变量的解释力有了增加,并且显著($\Delta R^2 = 0.031$,$\Delta F = 13.806$,$p = 0.000$)。这一结果说明交互作用存在且显著。具体分析交互作用,结果显示“人力资本×知识密集度”这一交互项作用明显,在第四步(1d)该项$\beta = 0.223$,且显著性水平小于0.001。这些都说明人力资本与知识密集度之间存在显著的交互作用,进而说明知识密集度对人力资本与组织绩效的作用具有调节作用。研究假设1得到支持。而交互项“结构资本X知识密集度”并没有显示出显著的交互作用($\beta = -0.063$,$p = 0.159$)。从而说明,知识密集度对于结构资本与组织绩效之间的关系没有显著的调节作用。研究假设2没有得到支持。

为了进一步简明清晰地表示人力资本与知识密集度之间的交互作用对组织绩效的影响。按照刘军等研究者推荐使用的交互效应图示方法①,使用回归分析得出的标准化系数作为参数可以得到如下的图示,其中实线表示的是高知识密集度组的情况,虚线表示的是低知识密集度组的情况。图中两条直线直观的表示出,在具有不同知识密集度水平的组织中,人力资本对组织绩效的作用效果是不一样的。对于具有高知识密集度特征的组织,其人力资本能有效促进绩效。而对于低知识密集度的组织,却没有出现相同的积极效果。这就说明了人力资本与知识密集度的“匹配”对于公共组织绩效具有的作用,高知识密集度需要有高人力资本匹配来促进绩效。

---

① 刘军主编:《管理研究方法:原理与应用》,北京:中国人民大学出版社2008年版,第348—352页。

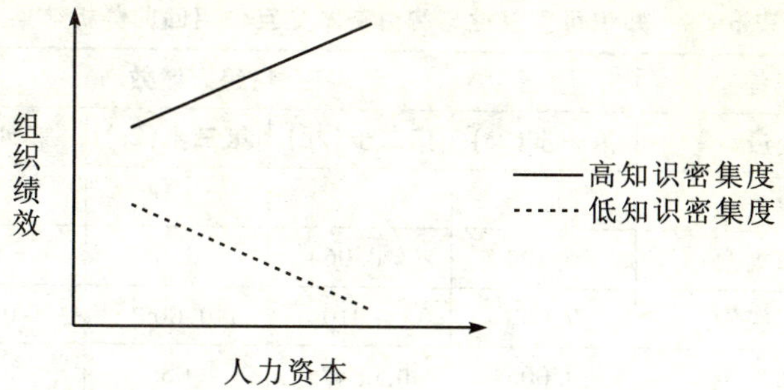

图 5-1 人力资本与知识密集度交互影响组织绩效

按照本研究的假设，人力资本与组织业务的知识密集度之间的匹配对组织绩效产生影响。本研究关注的是人力资本与知识密集度之间的交互效应。假设 1 成立说明该研究设想的人力资本与知识密集度之间的匹配对组织绩效具有显著积极作用。假设 2 没有得到支持，则进一步说明知识密集度与结构资本之间不存在显著的交互效应，作用关系不明显。这一结果更好地支持了人力资本与知识密集度之间的对应关系。

2. 对知识可重复性调节作用的验证分析

接下来，分析知识可重复性对人力资本及结构资本与组织绩效的关系的调节作用。也就是分析检验假设 3 和假设 4。第一步放入控制变量，第二步再加入人力资本、结构资本之后，第三步在模型中加入知识可重复性。第四步再引入人力资本与知识可重复性的交互项，结构资本与知识可重复性的交互项，逐步进行回归分析。然后分析交互项对于回归模型的影响极其显著性。为了减小变量间存在的多重共线性的问题。下表中各个变量也都经过了中心化处理。具体的分析结果如下①。

① 为了便于区分，检验知识可重复性与智力资本交互作用的回归模型，用代码 2 编号，四个步骤的模型分别为 2a、2b、2c、2d。

表 5-19　知识可重复性与智力资本交互作用回归分析结果

	结果变量:组织绩效			
变量	第一步(2a)	第二步(2b)	第三步(2c)	第四步(2d)
控制变量				
组织规模	−0.170*	−0.064	−0.062	−0.052
组织级别	0.000	0.010	0.009	0.015
所属地域	0.003	0.084*	.085	0.087
智力资本				
人力资本		0.412***	0.413	0.373***
结构资本		0.516***	.511	0.454***
调节变量				
知识可重复性			0.019	0.015
交互项				
人力资本×知识可重复性				−0.057
结构资本×知识可重复性				0.226***
R^2	0.029	0.734	0.734	0.764
F	2.118+	116.409***	96.715***	84.239***
ΔR^2	0.029	0.705	0.000	0.030
ΔF	2.118+	279.537***	0.267	13.173***

注:***表示显著性水平 $p<0.001$,**表示 $p<0.01$,*表示 $p<0.05$,+表示 $p<0.10$,N=217。

回归系数经过标准化。

表 5-20　知识可重复性与智力资本交互作用回归模型总体效果参数

模型(分步)	变化量统计						
	R	R^2	调整 R^2	标准误	R^2变化量	F变化量	F变化量显著性
2a	0.170[a]	0.029	0.015	0.888466	0.029	2.118	0.099
2b	0.857[b]	0.734	0.728	0.467266	0.705	279.537	0.000

续表

模型(分步)	变化量统计						
	R	R^2	调整 R^2	标准误	R^2 变化量	F 变化量	F 变化量显著性
2c	0.857[c]	0.734	0.727	0.468080	0.000	0.267	0.606
2d	0.874[d]	0.764	0.755	0.443099	0.030	13.173	0.000

a. 预测变量:地域、组织规模、行政级别;

b. 预测变量:地域、组织规模、行政级别、人力资本、结构资本;

c. 预测变量:地域、组织规模、行政级别、人力资本、结构资本、知识可重复性;

d. 预测变量:地域、组织规模、行政级别、人力资本、结构资本、知识可重复性、人力资本×知识可重复性、结构资本×知识可重复性;

e. 结果变量:组织绩效。

从以上数据结果可以看出,在只放入了控制变量的第一步,模型 2a 的 F 值为 2.118,并不显著。引入了人力资本和结构资本的模型 2b 良好,F 值为 279.537,且显著性达到 0.000。模型 2b 很好地解释了结果变量的变异($R^2=0.734$)。接下来在第三步回归中(模型 2c)加入了知识可重复性作为预测变量,尽管整个模型的 F 仍然显著是的($F=96.715$, $p<0.001$),但是模型的 R^2 没有发生变化(2c 中,$\Delta R^2=0.000$)。说明知识可重复性没有直接对组织绩效产生影响。在第四步(模型 2d),模型的 F 值显著($F=84.239$, $p<0.001$),模型的解释力有所增强其显著($\Delta R^2=0.030$, $\Delta F=13.173$, $p<0.001$)。这些结果表明,交互项的加入可以更好的说明结果变量的变异。具体来看,交互项"结构资本×知识可重复性"($\beta=0.226$, $p<0.001$)具有显著的影响,交互作用存在且显著。进而可以分析出知识可重复性对结构资本与组织绩效之间的关系具有调节作用。假设 4 得到支持。而交互项"人力资本×知识可重复性"没有显著的作用。知识可重复性对人力资本与组织绩效间关系的调节作用不显著,假设 3 没有得到支持。

同样使用前述方法绘制结构资本与知识可重复性的交互作用图。图 5-2 中实线部分表示具有高知识可重复性特征的组织，而虚线表示具有低知识可重复性特征的组织。图示显示，对于具有高知识可重复性的组织，结构资本对组织绩效具有显著的积极作用，而低知识可重复性的组织则没有相同的效果。结构资本与知识可重复性的交互作用显著，说明了知识可重复性对结构资本与组织绩效间关系具有调节作用。知识可重复性高低不同，结构资本对组织绩效的作用差异明显。也说明了结构资本与知识可重复性的匹配对绩效的作用。而且低结构资本要与低知识可重复性匹配，高结构资本要与高知识可重复性匹配从而促进组织绩效。

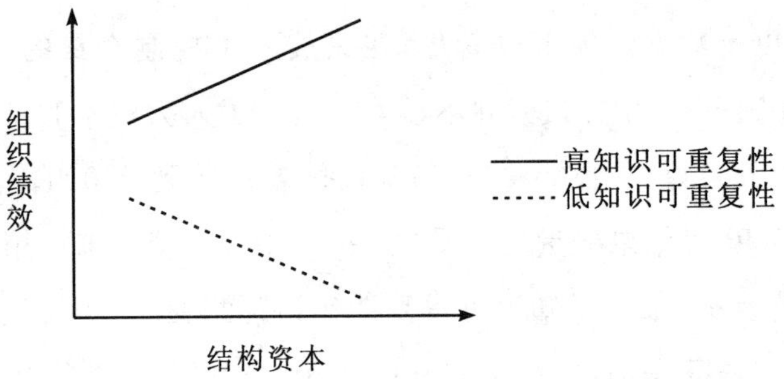

图 5-2　结构资本与知识可重复性交互影响组织绩效

本研究假设，结构资本与知识可重复性的匹配对组织绩效产生影响。组织的结构资本与组织绩效的影响要受到组织业务的知识可重复性的调节。假设 4 成立就验证了这一假设。假设 3 以及假设 2 没有得到支持也说明了在知识可重复性和知识密集度这两个维度上，分别是与人力资本和结构资本发生交互作用，从而说明了“四象限模型”从知识可重复性和知识密集度两个维度来分析是恰当的。假设 1、假设 4 所体现的交互作用成立也说明，人力资本与知识密集度的匹配能对绩效产生积极的影响，结构资本与知识可重复性的匹配能对绩效产生积极的影响。进而说明

“四象限模型”所设想的人力资本与结构资本配置状态与组织业务知识特征的匹配能促进组织绩效。

四、对四类人力资源开发策略作用效果的验证分析

使用路径分析来考查四种类型的人力资源开发策略对公共组织人力资本、结构资本所产生的作用效果。在研究框架设计部分已经假设，四种类型的人力资源开发策略对人力资本和结构资本的作用效果不同，会带来不同的人力资本和结构资本组合。根据所要研究的问题，提出了8个研究假设(假设5至假设12)，假设了每种人力资源开发策略分别与人力资本、结构资本之间的相互关系。具体关系如图5-3。

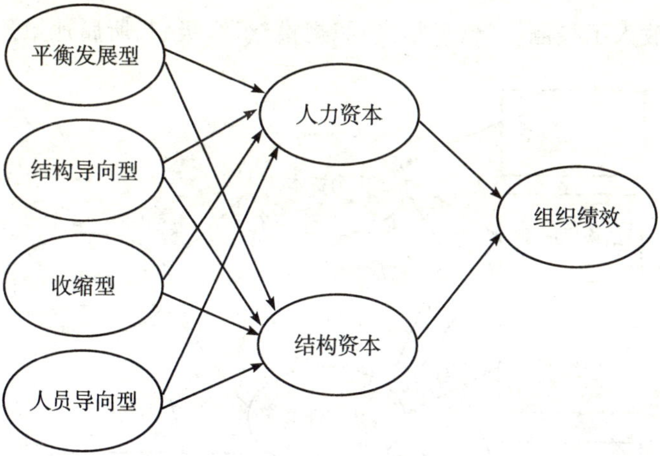

图5-3　人力资源开发策略类型与智力资本的关系的假设图示

因为每个组织都提供了在四种策略上的评分，使研究可以使用结构方程模型来进行路径分析，整体地呈现出相互之间的作用。而不用从多个回归分析分散地来解读各种信息。在分析验证假设5至假设12的过程中，使用AMOS16.0软件。

在模型中，首先是四个外生变量——平衡发展型、结构导向

型、收缩型、人员导向型——分别代表各个样本组织在四种人力资源开发策略上的水平。这一水平指数由各类人力资源开发策略类型所包含的措施题项的得分均值计算得出。作为观测变量放入模型(图中所列的四个方框,表示四个观测变量)。按照 A-MOS 操作规范,对模型中出现的潜变量(Latent Variables),包括人力资本、结构资本、组织绩效,使用椭圆表示。对每个潜变量根据前述研究工具所列题项,构造出潜变量与各个观测变量之间的关系,使模型包含更多的样本信息。

首先使用模型 M1(如图 5-4 所示),模型的路径如图所设。主要是设计了四种人力资源开发策略类型分别与人力资本、结构资本的关系。还有就是人力资本、结构资本与组织绩效的关系,并且放入了控制变量(包括:组织规模、组织级别、所属地域)。

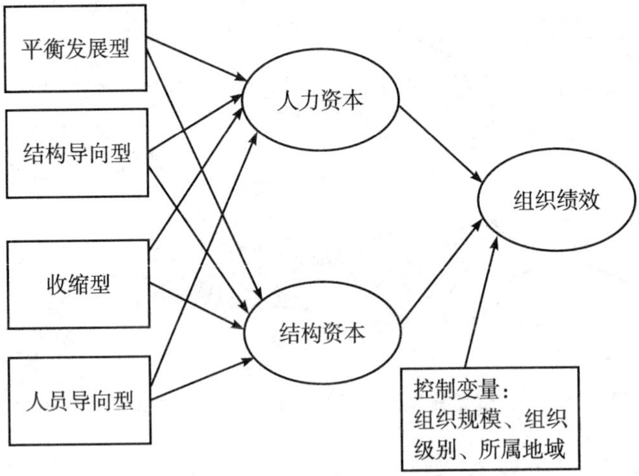

图 5-4 人力资源开发策略类型对智力资本作用分析操作模型

经过统计分析,模型 M1 的拟合状态并不理想。具体结果报告如下:自设模型 GFI 值为 0.692,都低于 0.90 的推荐值。规范拟合指数 NFI 为 0.770,增值拟合指数 IFI 为 0.825,比较拟合指数 CFI 为 0. 824,也都低于 0. 90 的推荐值。模型需要修改。

表 5-21 模型 M1 拟合情况汇总表

模型	NFI Delta1	RFI rho1	IFI Delta2	TLI rho2	CFI
自设模型	0. 770	0. 742	0. 825	0. 802	0. 824
饱和模型	1. 000		1. 000		1. 000
独立模型	0. 000	0. 000	0. 000	0. 000	0. 000

根据已经得出的路径参数估计值,控制变量对组织绩效的影响微弱,且不显著。修改模型时,从模型中删去三个控制变量。另外,根据分析软件提供的修改参考信息(Modification Indices, MI),对模型中的四个人力资源开发类型指数之间加上相互的关联路径。形成模型 M2(如图 5-5 所示)。

经过分析,M2 的拟合良好。具体的拟合指标显示如下:CMIN/DF(卡方/自由度)为 2. 137,一般认为该指数在 1-5 之间可以接受。RMSEA 为 0. 073,一般在 0. 08 以下可以接受。NFI 为 0. 900,增值拟合指数 IFI 为 0. 944,比较拟合指数 CFI 为 0. 943,都达到或高于 0. 90 的推荐值。

表 5-22 模型 M2 拟合情况汇总表

模型	NFI Delta1	RFI rho1	IFI Delta2	TLI rho2	CFI
自设模型	0. 900	0. 866	0. 944	0. 924	0. 943
饱和模型	1. 000		1. 000		1. 000
独立模型	0. 000	0. 000	0. 000	0. 000	0. 000

从多个拟合指数来看，模型拟合基本良好，可以接受。模型中具体的路径系数显著性，如下表所列。这也正是本研究所关注的。

表 5-23 模型 M2 主要路径参数

路径		参数估计值	标准误	C. R.	显著性水平 p
人力资本	<——平衡型	0.266	0.089	2.981	0.003
结构资本	<——平衡型	0.424	0.089	4.749	* * *
人力资本	<——结构导向	0.110	0.081	1.355	0.175
结构资本	<——结构导向	0.471	0.084	5.589	* * *
人力资本	<——收缩型	-0.132	0.055	-2.424	0.015
结构资本	<——收缩型	-0.196	0.054	-3.623	* * *
人力资本	<——人员导向	0.356	0.098	3.624	* * *
结构资本	<——人员导向	-0.114	0.094	-1.217	0.224
组织绩效	<——人力资本	0.599	0.095	6.315	* * *
组织绩效	<——结构资本	0.336	0.078	4.326	* * *

注：* * * 表示显著性水平 $p<0.001$。

为了验证假设 5 至假设 12，需要重点分析四种人力资源开发策略分别与人力资本、结构资本的关系。从表 5-23 中可以看到，除了从结构导向型指向人力资本和人员导向型指向结构资本的路径系数不显著以外，其它的路径均显著，其多数达到 $p<0.001$ 水平显著。具体来看，平衡发展型人力资源开发策略指向人力资本的路径系数为 0.266（$p<0.01$），指向结构资本的系数达到 0.424（$p<0.001$）。均呈现正向影响。假设 5、假设 6 都得到支持。结构导向型人力资源开发策略，指向人力资本的路径系数未见显著，其指向结构资本的系数为 0.471，且显著（$p<0.001$），呈现出明显的正向作用关系。假设 7 没有得到支持，假设 8 得到支持。

收缩型的人力资源开发策略指向人力资本的路径系数为－0.132，对人力资本呈现负向作用，且显著（p＜0.05）。收缩型的人力资源开发策略指向结构资本的系数为－0.196（p＜0.001），显著，同样呈现负向作用。假设9，假设10都得到支持。人员导向型人力资源开发策略，指向人力资本的路径系数为0.356，且显著（p＜0.001），多人力资本有正向作用。而人员导向型人力资源开发策略指向结构资本的路径未见显著作用。假设11得到支持，假设12没有得到支持。

另外，可以看到把整个人力资源开发策略、人力资本、结构资本、组织绩效放在一起来分析作用路径的时候，可以看到人力资本对于组织绩效的作用（系数0.599），要高于结构资本对组织绩效的作用。两者均非常显著。

表5-24　模型M2四种策略类型相关系数

			相关系数估计值
平衡发展型	<——>	结构导向型	0.748
收缩型	<——>	人员导向型	－0.602
平衡发展型	<——>	人员导向型	0.867
结构导向型	<——>	收缩型	－0.634
平衡发展型	<——>	收缩型	－0.658
结构导向型	<——>	人员导向型	0.739

还可以看到，在四种人力资源开发策略类型之间，存在显著的相关关系。平衡发展型与结构导向型、人员导向型具有正相关关系。而收缩型与其他三者之间存在负相关关系。

上述有关模型M2的结果用下面的图示进行了直观表示。

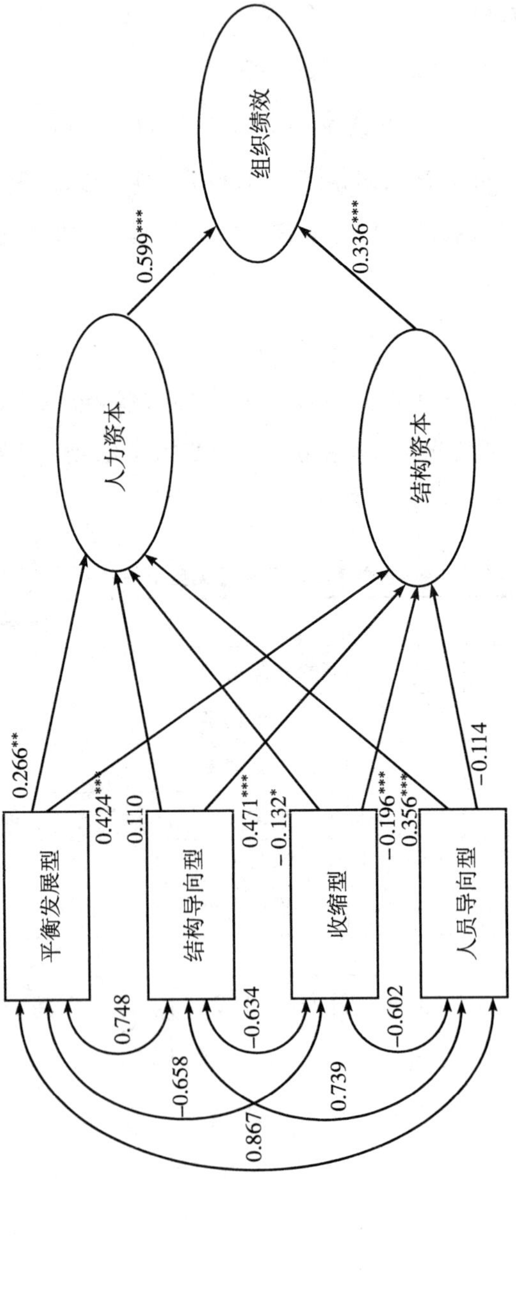

图5–5　路径分析最终模型（M2）图

五、小结

本章主要使用多种统计方法，以正式调查阶段收集的样本组织信息为依据，对本研究提出来的两部分共 12 个假设进行了验证。通过分析数据结果，检验了知识密集度及知识可重复性对人力资本、结构资本与组织绩效关系的调节作用，还检验了四种人力资源开发策略类型对人力资本、结构资本的作用。现把有关结果进行小结如表 5–25。

表 5–25　假设检验小结

假设	内容	支持与否
假设 1	组织业务的知识密集度会调节人力资本与组织绩效之间的关系	支持
假设 2	组织业务的知识密集度会调节结构资本与组织绩效之间的关系	不支持
假设 3	组织业务的知识可重复性会调节人力资本与组织绩效之间的关系	不支持
假设 4	组织业务的知识可重复性会调节结构资本与组织绩效之间的关系	支持
假设 5	平衡发展型人力资源开发策略的水平对组织的人力资本水平有正向作用	支持
假设 6	平衡发展型人力资源开发策略的水平对组织的结构资本水平有正向作用	支持
假设 7	结构导向型人力资源开发策略的水平对组织的人力资本水平有负向作用	不支持
假设 8	结构导向型人力资源开发策略的水平对组织的结构资本水平有正向作用	支持
假设 9	收缩型的人力资源开发策略的水平对组织的人力资本水平有负向作用	支持

续表

假设	内容	支持与否
假设 10	收缩型的人力资源开发策略的水平对组织的结构资本水平有负向作用	支持
假设 11	人员导向型的人力资源开发策略的水平对组织的人力资本水平有正向作用	支持
假设 12	人员导向型的人力资源开发策略的水平对组织的结构资本水平有负向作用	不支持

第六章　案例验证——以某市国税局为例

本章选取一个组织作为案例，通过多种方法获取案例组织的资料和数据，对这些信息和数据进行深入分析，来验证本研究提出的设想。下面首先介绍案例单位的背景情况，然后说明案例研究的具体步骤，接着对该单位的智力资本配置活动进行阐述和分析，最后分析收集到的数据和信息验证研究设想。

一、组织背景介绍

某市国家税务局①（以下简称国税局）成立于 1994 年，正处级单位。成立背景是 1994 年国家实施税制改革，全面实行在合理划分中央与地方分权基础上的分税制，按税种划分中央和地方财政收入，建立中央税收和地方税收体系。按照财税体制改革的要求，该市把原来的税务局分设为市国家税务局和市地方税务局。

---

① 根据该单位的意愿，在本研究的报告中隐去该单位的地区信息。所以，在整个案例分析中未提及该单位的全称。在后面的阐述中使用“该单位”或“该市国税局”来指代该案例单位。

该市国税局负责本地区中央税、中央与地方共享税的征收管理工作。

该市国税局局机关有行政科室11个(即办公室、政策法规科、流转税管理科、所得税管理科、进出口国际税收管理科、征收管理科、计划统计科、财务管理科、人事教育科、监察室、机关党办),直属机构2个(即直属分局、稽查局),事业单位2个(即信息中心、机关服务中心)。

2008年末,该市国税局共有工作人员135人,平均年龄42.3岁,学历结构:硕士研究生3人,本科学历53人,专科学历61人,专科以下学历18人。

下面所列是该市国税局的职责:

一、贯彻执行国家的税收法律、法规和规章,并结合本地实际情况,研究制定具体的实施办法。

二、根据经济税源和省局下达的税收计划,编制、分配和下达本市税收收入计划并组织实施。

三、负责本地中央税、中央地方共享税种的征收管理和稽查工作;负责增值税专用发票、普通发票和其他税收票证的管理工作。

四、负责监督检查本系统的税收执法情况;

五、负责本地进出口税收和涉外税收的管理工作。

六、负责本系统的税收会计、统计工作。

七、负责本系统经费、财务、基本建设和资产管理工作。

八、负责本系统机构、编制和人事管理工作。

九、负责本系统思想政治工作、精神文明建设和基层建设,负责教育培训管理工作。

十、负责本系统的纪检、监察工作。

十一、负责本系统税收信息化、现代化工作的规划和实施，建设和管理信息系统。

十二、分析税收信息，掌握税收动态。组织税法宣传工作。

十三、承办省局和市委、市政府交办的其他工作。

二、研究过程

根据本研究对样本的要求，选取该市国税局局机关作为案例样本。该市国税局属县处级公共组织，人员规模中等，具有一定的代表性。而且该单位在 2005 至 2008 年末的四年间，经历了从重视人力资本建设到重视结构资本建设的转变，过程清晰且便于分阶段进行考察分析。

对本案例的研究包括以下几个步骤：

第一，资料查阅。在进入该单位之初，翻阅了该单位的部分非保密文件资料。包括《单位历史与发展》、2005 年至 2008 年的单位工作报告、人事教育科 2005 年至 2008 年的工作总结、《信息系统使用指南》、《文化建设总结》等。

第二，在资料查阅的基础上，对案例单位的主要人员进行深度访谈。访谈的目的是深入了解该单位在过去几年中各方面的情况，特别是发展和配置智力资本方面所做的工作，已经形成的结果。研究中所选取的访谈对象都是在该单位工作八年以上，对单位的状况和业务有深入了解，且在智力资本相关工作中承担一定职责的人员。按照以上要求，最终确定了副局长、办公室主任、人事教育科长、征收管理科长四名访谈对象。访谈内容包括：单位特点、人员培训、人力资源开发与管理、信息系统建设、文化建设、制度建设、单位绩效水平等。

第三，使用调查问卷对该单位在各阶段的数据进行收集。为了使问卷更具针对性，该问卷由正式调查问卷修改而成。在问卷填答者方面，为保证数据质量，选取在该单位工作八年以上，对单位的状况和业务有深入了解，在智力资本相关工作中承担一定职责的工作人员填写问卷。最终，参与填写问卷的填答者包括：局长、副局长、办公室主任、人事教育科长、征收管理科长、信息中心主任共六人。为了使问卷填答者能够有效回忆该单位在不同时间所处的状态，在填答问卷前，要求所有填答者阅读最近五年的单位年终工作总结，并一起回忆讨论各时间段所做的主要工作。问卷调查共分三个阶段：第一阶段，要求填答者回顾 2004 年年末的情形，然后根据当时的状况，填写第一份问卷；第二阶段，要求填答者回顾 2006 年年末的状况，填写第二份问卷；第三阶段，要求填答者回顾 2008 年年末的状态，填写第三份问卷。第二阶段和第三阶段问卷所用问卷相同。第一阶段所用问卷除了不含有“人力资源开发”部分的题项以外，其它与第二、三阶段所用问卷相同。需要说明的是，为了提高填答者对组织绩效评价标准的统一性，案例研究中使用的问卷与前述大样本研究时有所差异。在描述中是请填答者“根据单位在 2004/2006/2008 年末的绩效水平与其它市的国税局（同级别）的绩效相比”，从而做出评价。研究者现场向填答者分别发放三份问卷，对问卷进行现场说明，等填答者完成后，现场回收。

第四，对所获取的数据进行对比分析。对六位填答者填答的问卷进行录入，把每个阶段的六份问卷的得分进行平均处理，得出该单位在此时间点的变量值。共获取三个时间点的变量值：第一时间点，2004 年年末；第二时间点，2006 年年末（即前述第一阶段完成的时间）；第三个时间点，2008 年年末（即前述第二阶段完成的时间点）。在各个时间点上，根据案例单位在各个变量上的状况及变化情况，对本研究提出的研究设想进行分析和检验。

三、案例单位智力资本发展的两个阶段

该市国税局，有关智力资本建设和管理的工作主要由人事教育科、办公室、信息中心等多个部门完成。该单位从 2005 年至 2008 年年末的四年间，经历了智力资本发展的大转型。整个过程阶段清晰，特征明显，具有代表性。这也正是选取该单位作为案例样本进行分析的原因。下面对三年间，该单位配置智力资本的情况进行概述。

从总体上来说，2005 年年初至 2008 年年末期间该市国税局发展和配置智力资本的过程可以分为两个大的阶段①：

第一阶段（2005 年初至 2006 年末）为人力资本导向阶段，以发展人力资本为主。第二阶段（2007 年初至 2008 年末）为结构资本导向阶段，以发展结构资本为主。

1. 第一阶段——人力资本导向阶段

在这一阶段，该单位主要开展了两个人力资本发展项目。第一个项目是“零五培训”，该项目从 2005 年初开始，为期一年。市

---

① 该单位既没有在实践中或文件中用到“智力资本”的概念，也没有明确地把智力资本相关工作都进行统一地规划和管理，本研究是根据该单位的实践情况，用智力资本的框架来分析该单位发展和配置智力资本过程中所推行的各项管理实践活动或项目，根据各时间段的实践特点和重点来划分和命名。

国税局从有限的经费中压缩其他开支，挤出50万元，又从省局和市政府争取到30万元，作为培训专项新增经费。共投入80万到这一年的培训工作之中，其中55万用于市局所辖13个区、县国税局培训，25万用于市局局机关的培训。培训的主要对象是基层管理者和征管、稽查一线业务骨干。主要的培训方式是依托国家税务总局扬州税务进修学院及省内其他高校，举办培训班，对培训对象进行脱岗和半脱岗培训。其中举办企业财务会计知识培训班两期，稽查实务培训班两期，科级干部更新知识培训班一期。其中，市局局机关中共有92人参加了培训。项目实际进行了10个月。

“零五培训”项目是该市国税局开展的较大规模培训项目。负责当时培训项目实施的是人事教育科和办公室。项目注重培养一线的业务骨干和管理骨干，内容上既包括业务知识、管理知识，也包括一般的经济发展态势、社会新动向等。整个项目涉及人员多，涉及内容广。项目结束后，由人事教育科和办公室共同提交了项目总结报告。其实是以报告的形式对培训效果作了总结性评估。报告认为，培训项目实施顺利，培训收到了良好的效果，得到了各方面的一致好评，特别是基层工作人员的好评。省局也对此项目给予了较好的评价。从人力资源开发工作（人事教育科）来说，“零五培训”项目是这一年工作的重点，也是该单位重视人才建设的一个标志性阶段。

第二个是“人才兴税工程”。在2005年“零五培训”的基础上，该单位继续实施培训项目，结合全市开展的人才工程的大背景，把2006年的培训项目命名为“人才兴税工程”。工程共投入资金100万，其中该单位自己拿出50万。由于前一年培训项目获得上级好评，而且2006年该市开展人才兴市工程，从省局和市里共争取到新增培训资金50万。工程主要包括：人才培训项目，人才储备项目，业务研讨项目。人才培训项目主要开展了计算机（业务系统）高级应用培训班两期，市局机关干部和基层分局长以上干部更新知识培训两期，国际（涉外）税收培训两期。其中，市局机关的所有工作人员全都参加了培训。人才储备项目包括考核和人才库建设两个内容。考核方面主要是开展业务考试以及专业岗位考试，通过考试的方式来促进人员学习。另外，对于考试结果优秀的人员，结合工作表现和成绩，有选择地录入人才储备库。人才储备库涉及多个专业领域，有税务稽查人才库、内部审计人才库、税收执法检查人才库、所得税人才库、税收科研人才库等。人才储备库收录了人才的基本情况、学习经历、工作经历、历年工作成绩、业务专长、所获资格或奖励等信息。人才储备库与省局直接连通，便于省局了解掌握该市国税各类人才的具体状况。业务研讨项目则是以专题研讨班的形式对重要问题进行研讨和集中学习。共举办5期研讨班，涉及的专题包括新税种新业务、税务执法水平、政策解析、税收统计分析等。专题研讨班通过讨论使市内各区县局对政策的理解深入、统一，也加强了各区县之间的联系。同时，研讨过程帮助市局进一步掌握了现在基层工作中出现的难点和新问题。在该单位实施“人才兴税”工程的同时，还根据上级要培养思想政治素质、科学文化素质综合发展的税务干部的要求，举办或是选拔人员参加上级举办的多期政治思想培训班，社会经济形势培训班，法律知识培训班。市国税局局机关的工作人员在整个工程中是重点培训对象、考核对象，而且在人才库中也占有相当比例。

“人才兴税工程”共持续11个月，紧密联系税务工作面临的新情况、新要求来开展教育培训，引导广大干部认真研究解决税收实际工作中遇到的突出问题和难点问题。培训收到了良好的效果，在全市的国税系统中营造了良好的学习氛围，并且在工作中也收到了实效。特别是市局机关的人员得到了普遍的培训和提高，并且加强了对于新情况的掌握，提升了业务素质和综合素质。人事教育科和办公室因成功推进了“人才兴税工程”而受到表扬。

总体上说，该市国税局在第一阶段，通过多方筹措资金开展了两个重点项目，用于发展组织的人力资本。在两年间对单位的人力资本进行了投资，属于明显的人员导向型的开发策略。需要说明的是，在第一阶段的过程中，该单位也在按照上级的安排推进“金税”工程的有关工作。由于整个单位的资金被主要用于两个培训项目，该单位对结构资本的建设主要是根据上级要求进行推进，没有在要求之外开展大规模的信息系统建设、制度建设或是文化建设。也就是把有限的资源主要投资在了发展人力资本方面。因此，第一阶段可以被称作人力资本导向阶段。

2. 第二阶段——结构资本导向阶段

在这一阶段，该市国税局通过多种形式重点建设组织的结构资本。主要有办公室、信息中心、人事教育科共同完成。

第一方面，在这两年中，以“金税”工程①和政府信息公开为背

① “金税工程”始于1994年，是我国整个税收管理信息系统工程的总称。1994年，我国的工商税收制度进行了重大改革。这次税制改革的核心内容是建立以增值税为主体的流转税制度。为了加强增值税管理，加快国家税控系统建设，国家启动了“金税工程”。工程由一个网络，四个软件系统组成。即覆盖全国国税系统的，区县局、地市局、省局到总局的四级广域网络；四个软件系统分别为：防伪税控开票系统、防伪税控认证系统、计算机稽核系统、发票协查系统。

景,积极推进网络数据库建设,统计信息库的建设。此项工程是政务信息公开的一部分,一方面方便了社会对税务相关信息的查询和获取,另一方面也促进了整个系统内部统计工作的规范化和系统化,便于系统内部使用。依托以这一平台,该局加强了对各地信息和统计数据的汇总和管理,对原有的统计数据传输规则提出了整改。其中最主要的变化是缩短了统计时限,要求各区县在更短的时间内上报统计数据。同时,按照省局部署,加快综合征管软件、增值税防伪税控系统、出口退税审核系统三大系统的应用整合,实现各系统兼容、联通,数据一次采集多系统共享。市局局机关的统计信息汇总和发布更新周期也明显缩短。

第二方面,同样是依托网络数据库的建设,市局建立组织内部的信息平台。这个信息平台主要是为了实现组织内部的业务问题咨询和业务知识交流。信息平台包括:政策解答、业务咨询、常见问题、金税工程专区等板块。这个信息平台仅向该市国税系统开放,该市国税系统的工作人员能够凭个人账号使用个人的工作终端直接进入平台,进入相应板块寻找有关问题的答案,或提出业务疑问以及需要解答的问题。整个信息平台由市局局机关维护。每天会有相关的业务骨干或领导进入平台对提出的问题进行解答或回复。一般的问题及解答都会保留下来,有专门的工作人员来分类归档,按专题排列,并建立索引库,以便查找。信息平台还会不定期发布政策动向,新的业务操作要求等信息。信息平台还建立了网络学习资料库,将各种学习材料和课程的电子资料放在信息平台上,供工作人员学习使用。这一项目共投入50万元,是该市国税局在2007年的重点建设项目。信息平台的硬件设施建设完成后,专门请省局的专家来指导信息库内容安排以及自学资料的选取。在信息平台建成以后,通过多种方式宣传鼓励各区县的工作人员登录使用,同时领导带头经常使用,在信息平台上回答问题同大家交流。信息平台的资料更新速度也较快,有效地吸引了系统内工作人员使用这个平台交流和学习。

第三方面,自主开发以及积极推广使用业务软件。从2007年年中市局组织了一批业务、技术骨干,历时5个月,自主研究开发了综合征管软件数据质量检测系统。该系统采用服务器/客户端模式。前台程序采用C++Builder 6开发,后台数据库采用Oracle 817,整个系统通过前台程序和后台存储过程来实现可疑数据的检测。具体业务流程为:市局服务器通过每天执行已写好的存储过程,从省局数据分发系统中自动提取全市综合征管软件中的可疑数据,并存放于本地服务器,所有操作员通过前台程序访问本地服务器中由本局产生的可疑数据,并根据用户需要导出可疑数据进行认真核对和更正。目前,该系统可以对综合征管软件中155个容易发生错误的业务指标进行自动检测,所有操作员只要在软件中输入税务机关名称,检测时间范围和选择检测的项目,就能在较短时间内检测出综合征管软件的有关可疑数据。该软件的特点是操作层自身发现问题并能及时纠正,能持续改进工作。系统运行8个月的情况表明,检测出的可疑数据和更正有问题数据逐月减少,基层单位反映良好。这一软件的开发既有利于市局了解和掌握本地区综合征管软件运行情况以及实施过程管理,更能够有效提高操作层自检自纠的效率,提高数据质量。此项目所有投入共计20万元(包括:开发经费、周围设施、系统配备等)。在2007年年底,省局在全省范围内推广运用新版电算化查账软件。该市国税局被作为首批试点单位,在省局推广运用领导小组的直接指挥下全面参与查账软件的试运行。为了能够成功采集企业的电子财务数据,针对不同的企业采用不同的财务软件进行账务处理,市局指定专人负责数据采集工作。由采集人员收集当地企业使用的财务软件及数据库类别与查账软件不匹配的情况,加强与软件公司的联系,共同解决采集中发现的问题。并在试用过程中与省局通力合作。经过半年,初步解决了采集难的问题。在试运行电子查账阶段,稽查人员对电子财务数据,通过多种检查方法进行分析评估。如设定指标分析、发现企业异常情况,对相关疑点科目、账户进行重点检查等。电子查账软件的使用提高了查账效率,适应了业务环境发生的新变化。该市局还积极总结在试运行过程中积累的经验,并把这些经验与其它市的国税局交流,为在全省推广软件起到了重要的作用。在整个过程中,共投入 20 万资金,其中省局提供了 10 万,市国税局自己投入了 10 万。

第四方面,制度建设与文化建设。2008 年该市国税局把制度建设和文化建设作为全年的工作重点。2008 年也被该单位称为“制度建设年”。在 2008 年初,省局在全省国税系统着重检查和加强首问责任制、限时办结制等多项制度。在此背景下,该市国税局提出把制度建设作为工作重点,从制度、作风、意识、氛围多方面共同着力,促进转变职能、改进作风、提高工作效能。在这一年,该局主要开展了以下工作:推广“综合办税窗口”,增强办税服务厅综合服务功能,提速增效;实行“一窗式”办结、“一站式”服务,推行个体工商户电子定税,一般纳税人网上认证、网上申报,引入“服务质量电子评价系统”对税务工作人员的服务情况进行量化评价。在全市检查首问负责制,对于办税人所提疑问和要求,要能够及时给予回应,现场回答或指出具体的办理途径。对于工作人员在日常工作中经常会碰到的问题,问题的答案,接待方式,注意事项等,市局汇集成册在全市国税系统学习,然后进行检查,检查重点是市局局机关的工作人员。要求局机关的工作人员不光要了解和掌握市局的业务情况,还要对所辖区、县的情况全面掌握,做到首问必答。建立税收分析工作的纵向和横向联动机制,建立了定期召开收入分析会议制度,完善税收分析通报机制,提高收入分析质量。进一步加强增值税与增加值、企业所得税与企业利润的弹性分析,盯住各税种税负率和企业微观税负率变化,认真查找收入增减变化原因,加强征管薄弱环节的控管,把各种分析制度化。另外,建立报表备案制度,统筹管理统计报表。在开发应用通用数据报表生成共享系统的同时,推行报表备案制度。市局加强清理简并报表资料,对确需基层上报的数据、报表资料,由计统、征管部门管理,并由计统部门统一审核备案和公布,未经备案的报表原则上不得要求基层上报。

另外,就是加强文化建设。该单位在文化建设中强化观念教育,营造出敬业、文明、和谐的工作氛围。该单位通过发放意识教育手册,增强税务工作人员的公仆意识、危机意识、服务意识和履职意识、责任意识。在工作中,广大干部形成了如果不认真履行职责,就会被投诉、被举报、被暗访,就会被问责的认识,在思想上树立起"始于纳税人需求,终于纳税人满意"的意识。树立了为纳税人为公众及时办理涉税事项、为基层服务好就是履职尽责的理念。同时,在全局推进税务行为文化建设、公务员职业道德建设,着力塑造税务人员从事税收工作以及日常学习、生活过程中的活动文化,建设积极的税务机关工作作风、税务人员精神风貌、素质修养，发挥各级领导的表率作用，弘扬先进人物的模范行为，规范税务人员的群体行为。同时加强文化载体建设。所有税务文书、表格、证照等税务资料样式规范统一、实用，并确保其既符合相关法律法规的要求，又适应日常税收管理和纳税服务的需要，营造良好团队氛围与和谐的工作环境。加强机关政务、事务、财务及后勤保障等管理，保持良好工作秩序，提高工作效率，形成行为规范、运转协调、公正透明的管理氛围。又通过"窗口文化活动"、"礼仪文化活动"、"家庭文化活动"等项目中的具体文化活动，如：帮扶困难职工、敬老爱老小组、家庭才艺展示等各种活动，增进工作人员之间的融合，也使家属更加理解和支持税务工作。该市国税局因为在文化建设方面取得的成绩还在全国国税系统举办的"税务文化论坛"上作经验推广，受到了多方好评。

总体上看，该市国税局在第二阶段，发展结构资本的特征非常明显。在所用资金方面，根据对多位领导的访谈，上面所提及的重点项目中所用资金与第一阶段所用资金大致持平。从工作重点、项目、措施等多方面来看，这一阶段的组织体现出了明显的结构资本建设导向。

四、结果与讨论

按照前述研究过程，通过调查问卷获取了该市国税局在三个时间点的数据。对六位填答者填答的问卷进行录入，把每个阶段的六份问卷的得分进行平均处理，得出该单位在此时间点的变量值。通过三个时间点该组织在人力资本、结构资本、组织绩效、知识密集度、知识可重复性、人力资源开发策略等各方面的信息，来分析两个具有明显导向差异的智力资本发展阶段，给组织智力资本产生的影响以及对组织绩效的影响。

表 6–1 所列数据中,“样本数据”指的是在本研究的问卷调查中收集到的 217 个有效样本组织的数据。把本案例中该市国税局的数据与本研究获取的 217 个样本组织的数据进行比较,可以分析出该市国税局在这些样本中所处的位置。

表 6–1 案例数据与样本数据对比表

	样本数据		本案例数据		
	均值	标准差	2004 年末	2006 年末	2008 年末
知识密集度	4.55	0.912	3.94	4.11	4.44
知识可重复性	4.80	0.765	4.94	5.06	5.06
人力资本	3.75	0.898	3.41	4.12	4.21
结构资本	3.87	0.796	3.46	3.71	4.31
组织绩效	3.93	0.895	3.81	4.14	4.67
平衡发展型	3.62	0.900	——	3.54	3.75
结构导向型	3.79	0.725	——	3.38	4.43
收缩型	2.99	0.920	——	2.04	1.98
人员导向型	3.59	0.792	——	4.13	3.88

首先来看,该单位在业务方面的知识特征。在 2004 年末的知识密集度为 3.94,低于样本平均水平。而知识可重复性为 4.94,高于样本平均水平。如果用样本均值作为划分两个维度水平高低的标准,那么该单位属于低知识密集度和高知识可重复性特征的单位。对比前面所列的单位职责以及由职责所确定的业务范围,结合组织所处的级别,可以认为问卷填答者对该单位业务知识特征的评价符合实际情况。另外,把 2004 年末与 2006 年末和 2008 年末的数据进行对比可以看到,组织的知识密集度、知识可重复性发生一定的变化,尽管变化不大。结合访谈资料可以发

现，组织的业务虽然没有大的变化，但是对业务的科学性、规范性要求都有所提高，而且随着企业电子账务系统的普及以及会计准则的一些变化，使国税业务在内容上更加深入和细致。这也就是由于外部经济环境的快速发展以及业务涉及的资料和技术有所更新，也就使组织业务的知识特征有了一定变化。比较明显的是知识密集度在每个阶段都有所增加。

从上面的数据可以看出，2004 年末的时候，该单位的人力资本和结构资本都较低，而且组织绩效也较低。在经过了第一阶段（从 2004 年年末到 2006 年年末的两年间）之后，该单位的人力资本有了较大提升，从 2004 年年末的 3.41 增长到 4.12，增长幅度 0.69，略小于一个标准差（0.898）。同时，结构资本有了一定的增长，从 3.46 增长到 3.71，增长幅度 0.25。经过了第一阶段的发展，组织绩效水平有了提高，从 3.81 提高到 4.14。如果以样本均值为标准，则是从低于样本均值发展到高于样本均值。再来看，这一阶段人力资源开发策略指数的情况，从指数得分可以明显地看到该单位在人员导向型上得分最高，为 4.13，远高于其它策略类型的得分。该单位的数据证实了本研究对其第一阶段的特征总结，可以认为在第一阶段该单位是明显以发展人力资本为导向。

再来看第二阶段（从 2006 年年末到 2008 年年末的两年间），各项数据都发生了变化。人力资本和结构资本相比 2006 年末有了增长。其中，结构资本增长幅度较大，从 3.71 增长到 4.31，接近一个标准差。人力资本也有增长，从 4.12 增长到 4.21，增长较小。伴随着人力资本和结构资本的增长，组织绩效有了较大增长，从 4.14 增长到 4.67。再来分析组织的人力资源开发策略指数，指数有了变化。结构导向型得分从 2006 年末的 3. 38 增长到 4. 43，这个数值高出样本均值近一个标准差。人员导向型的得分从 2006 年末的 4. 13 减小为3. 78。平衡发展型、收缩型的得分变化较小。结构导向型的成为了得分最高的类型。与前一阶段的智力资本发展导向存在明显差异。

根据本研究提出的四象限分析模型，从组织的业务特征来看，该单位属于具有低知识密集度和高知识可重复性特征的组织。根据模型的设想，在此类组织中，发展结构资本带来的绩效会相对高于发展人力资本带来的绩效。对比分析第一阶段和第二阶段的特征可以看到，该单位从相对低的人力资本和结构资本发展到2006 年末的高人力资本和低结构资本，组织绩效有了一定的提高。再发展到2008 年末的高人力资本和高结构资本，尽管都高于平均水平，但是结构资本更高一些。组织绩效又有了较大的提高。

从增量上来看能够更好地反映人力资本和结构资本增长对于该组织绩效的效果。第一阶段的人力资本相对于结构资本来说增量较大，从 3. 41 增加到 4. 12，增量 0. 69。此阶段，组织绩效也有了增加，增量 0. 33。而在第二阶段的则是结构资本的增量较大，从 3. 71 增加到 4. 31，增量 0. 60。而人力资本变化很小。在第二阶段，组织绩效则从 4. 14 增长到 4. 67，增量 0. 53。即使不考虑第一阶段结构资本增长带来的组织绩效，也可以非常清晰地看到，每一份结构资本增量所带来的组织绩效增长要高于每一份人力资本增量所带来的组织绩效的增长。也就是说，对于该市国税局在 2004 年末至 2008 年末这一状态下，结构资本增长对绩效的积极影响要大于人力资本对绩效的影响。从访谈中可以得知，该单位在两个阶段分别用于发展人力资本和发展结构资本的投资是基本相等的。相同的资源带来了不同的效果。组织绩效的变化可以说明该单位把资源投入结构资本比投入人力资本能为组织带来更高的绩效增长。说明了结构资本对该市国税局的绩效影响具有更高的效率。这也验证了本研究提出的设想，就是对于具有较低知识密集度和较高知识可重复性特征的组织来说，结构资本相对于人力资本能对提升绩效更有效率。因此发展结构资本对于此类组织作用更大。该单位在2008年末的智力资本配置状态与其在2004年末和2006年末的状态相比，更符合本研究所提出的“匹配”的要求。从案例的数据验证了本研究提出的人力资本、结构资本分别与组织业务的知识密集度和知识可重复性的“匹配”对于组织绩效具有积极作用。

再来看两个阶段的人力资源开发策略。在该单位中并不是把发展智力资本的工作都称为人力资源开发，也没有统一的规划和管理，而是分散在办公室、人事教育科、信息中心等部门分块进行。由于当时的背景，以及单位领导关注重点的影响，形成了该单位在两个阶段的人力资源开发策略具有明显的导向差异。从数据来看，第一阶段是人员导向型，第二阶段是结构导向型。结合单位的档案资料以及访谈所得到的资料看，该单位在2004年末至2006年末期间，人事部门和办公室的工作重点在人力资本方面，主要采用了其中的“建立内部人才库”、“提供广泛的培训项目”、“注重综合素质”、“人力资源开发的投资高于其他方面”、“鼓励正式和非正式的交流”等措施。这些措施也正是本研究的“人员导向型”人力资源开发策略所列的措施。因此，在要求填答者回顾2004年末至2006年末两年的人力资源开发策略时，认为主要采用了人员导向型策略。而在第二阶段(2006 年末至 2008 年末),该单位把主要的资源都用在了“业务信息系统建设”、“知识交流平台建设”、“业务软件开发”、“制度建设”、“文化氛围建设”,而且把 2008 年直接作为制度建设年。组织所采用的措施具有明显的结构导向型策略的特征,数据结果也说明了这一观点。在两段不同的时期,组织采用了不同导向的人力资源开发策略,带来了不同的智力资本配置状态。在第一阶段中使用人员导向型的策略,与 2004 年末的初始状态相比,人力资本有了较大增长,形成了高人力资本和低结构资本的状态。虽然也促进了组织绩效的提升,但是提升的幅度有限。访谈的结果和数据结果都说明了人员导向型的人力资源开发策略能促进组织的人力资本增长。而第二阶段使用的则是结构导向型的人力资源开发策略,结果是组织的结构资本有了较大增长,形成了高结构资本的状态,说明了结构导向型的开发策略能带来高的结构资本。而此时,结构导向型策略的实施并没有导致组织人力资本的降低。这些数据又再一次说明,研究假设 7、假设 12 没有得到支持是有依据的。从另一个角度说明使用具有导向性的开发策略并不一定会导致智力资本中非重点部分的损耗。从本案例看,至少在短时期内,这样的观点是成立的。这也符合智力资本具有资本的特性,就是一旦被组织积累下来,就能够在组织中持续地发挥作用。该单位在第二阶段选用的结构导向型的人力资源开发策略带来了与知识特征相匹配(至少比以前更匹配)的智力资本形态,从而给组织绩效带来更大的提升。

总的来说,通过访谈和问卷收集到案例单位较为全面的数据,以及多方面的背景信息,从而能够通过更加深入和直观的分析来验证本研究提出的设想。根据上面的分析，可以说明本研究所提出的人力资本与知识密集度的匹配，结构资本与知识可重复性的匹配对组织绩效具有积极作用的设想在本案例中是适用的，也说明了四象限分析模型的适用性。另外一方面，案例分析说明了人员导向型的人力资源开发策略能带来组织人力资本的增长，而结构导向型的策略则带来结构资本的增长。组织选用符合现实状态和“匹配”要求的人力资源开发策略能更有效率地促进组织绩效。

第七章　研究结论及实践运用

一、结论

根据数据分析的结果，假设 1、假设 4、假设 5、假设 6、假设 8、假设 9、假设 10、假设 11 得到支持，假设 2、假设 3、假设 7、假设 12 没有得到支持。

表 7–1　假设检验结果小结

假设	内容	支持与否
假设 1	组织业务的知识密集度会调节人力资本与组织绩效之间的关系	支持
假设 2	组织业务的知识密集度会调节结构资本与组织绩效之间的关系	不支持
假设 3	组织业务的知识可重复性会调节人力资本与组织绩效之间的关系	不支持
假设 4	组织业务的知识可重复性会调节结构资本与组织绩效之间的关系	支持
假设 5	平衡发展型人力资源开发策略的水平对组织的人力资本水平有正向作用	支持
假设 6	平衡发展型人力资源开发策略的水平对组织的结构资本水平有正向作用	支持
假设 7	结构导向型人力资源开发策略的水平对组织的人力资本水平有负向作用	不支持
假设 8	结构导向型人力资源开发策略的水平对组织的结构资本水平有正向作用	支持

续表

假设	内容	支持与否
假设 9	收缩型的人力资源开发策略的水平对组织的人力资本水平有负向作用	支持
假设 10	收缩型的人力资源开发策略的水平对组织的结构资本水平有负向作用	支持
假设 11	人员导向型的人力资源开发策略的水平对组织的人力资本水平有正向作用	支持
假设 12	人员导向型的人力资源开发策略的水平对组织的结构资本水平有负向作用	不支持

结合研究假设的验证情况，本研究可以得到以下结论：

(1) 公共组织业务的知识密集度对组织人力资本与组织绩效的关系存在调节作用。进而证明了公共组织的人力资本与组织知识密集度的“匹配”对组织绩效具有积极的作用。

(2) 公共组织业务的知识可重复性对组织结构资本与组织绩效的关系存在调节作用。进而证明了公共组织的结构资本与组织业务的知识可重复性之间的“匹配”对组织绩效具有积极作用。

(3) 一般来说，公共组织的智力资本(包括人力资本与结构资本)，对组织绩效具有显著的积极作用。

(4) 公共组织的业务知识特征，从知识密集度和知识可重复性两个维度来分析是可行的。两个维度之间没有明显的相互关系，并且分别与组织人力资本、结构资本形成了对应关系。假设 2、假设 3 没有得到支持，正好说明了这个结论。

(5) 知识密集度和知识可重复性两个维度构成的“四象限模型”的设想是可行的。即在两个维度高低构成的四个象限内，人力资本与知识密集度、结构资本与知识可重复性的匹配能够促进组织的绩效。具体来说，具有高知识密集度和高知识可重复性特征的组织需要有较高的人力资本和较高的结构资本相匹配。具有低知识密集度和高知识可重复性的组织需要有较低的人力资本和较高的结构资本与之相匹配。具有低知识密集度和低知识可重复性的组织需要有较低的人力资本和较低的结构资本与之相匹配。具有高知识密集度和低知识可重复性的组织需要有较高的人力资本和较低的结构资本与之相匹配。智力资本与组织业务知识特征的匹配能够促进公共组织绩效。

(6) 平衡发展型的人力资源开发策略有利于人力资本和结构资本的共同发展,带来智力资本的整体提升。公共组织实施平衡发展型的人力资源开发策略,能够促进具有高知识密集度和高知识可重复性的组织实现智力资本配置与组织业务知识特征的匹配。

(7) 结构导向型的人力资源开发策略有利于组织结构资本的发展。研究结果表明,结构导向型的人力资源开发策略没有对人力资本产生研究假设中的消极作用。这说明了结构导向型的人力资源开发策略关注的重点在于发展结构资本而不是人力资本。此种开发策略有利于低知识密集度和高知识可重复性的组织形成与业务的知识特征相匹配的人力资本、结构资本配置。

(8) 收缩型的人力资源开发策略对组织的人力资本和结构资本都存在消极影响,形成低人力资本和低结构资本的状态。此种智力资本配置状态,与低知识密集度和低知识可重复性的组织业务知识特征相匹配。

(9) 人员导向型的人力资源开发策略有利于组织人力资本的发展。研究结果表明,人员导向型的人力资源开发策略没有对结构资本呈现出显著的作用。人员导向型的人力资源开发策略把重点放在了人力资本上，而不是结构资本，对结构资本影响不显著。此种策略有利形成与高知识密集度和低知识可重复性的组织知识特征相匹配的智力资本配置状况。

（10）从知识的角度分析公共组织的业务特征，根据组织业务的知识密集度和知识可重复性，建构与之匹配的智力资本，能够提升组织的资源配置效率，对组织绩效产生积极作用。

（11）根据组织人力资本和结构资本的配置要求，选择相应的人力资源开发策略类型，可以帮助组织实现调整智力资本配置的目标。

二、研究结论的启示

1.“匹配”是关键点

公共组织的职能和业务主要是提供公共服务和公共产品，而这些产出一般具有公共性、非物质性。比如，刺激经济的政策，应对公共卫生危机的方案。公共组织在履行职能的过程中，更多的是在使用无形的知识来进行运转，个人知识和组织知识是主要的“工作资料”。本研究结果中显示的智力资本与组织绩效之间的关系就表现出上述特征。从知识的角度来分析公共组织业务的特征，能够从一个较为基础的视角来分析和把握组织的特性，把具有各种表现形态的公共组织放在同一个框架下进行思考和比较。知识元素既可用来分析业务特征，更是构成智力资本的核心要素。知识这一要素把组织的业务和智力资本联系在一起，从而为智力资本的配置提供了决策的分析视角。

对一个具体的公共组织来说，组织职能就是组织的长期战略目标，目标又决定了业务的主要内容，并具有一定的稳定性（变化的动态性，将在后面部分进行分析阐述）。组织就是为完成其职能而存在的，相对于组织的人力资本、结构资本来说，其职能和业务是先决的，而且是具有刚性的（比如，公共组织一般不会因为人力资本不达标而改变组织的目标，而会根据组织目标来调节人力资本）。也就是说，组织业务及其特征是智力资本的先决条件，智力资本的配置要围绕实现组织目标、满足组织业务的要求来进行。

从某种意义上来说，任何组织之所以有存在的价值就是因为其能够有效地开发和使用某些特定的知识，提高知识的使用效率就是提高了社会运转的效率。在新的历史条件下，效率是公共组织追求的一个主要目标，也是组织绩效的一个重要衡量标准。要实现效率，理性的组织就需要让自身拥有的知识（包括组织知识和组织中的个人知识）与业务所需要的知识相匹配。恰当的知识存量是组织理性而高效的选择。所谓恰当，其标准就是符合组织职能的要求。过低的知识会影响组织目标的实现，而过高的知识则会造成资源的低效率。因为无论个人知识还是组织知识都是需要成本投入的。高效的组织运转就包含了高效的资源配置这层内涵。高效的组织就需要使人力资本和结构资本的配置与业务所需求的知识相匹配，本研究的结果说明了，匹配对于组织的绩效是具有积极作用的。

2. 找到分析匹配的框架——基于知识特征的模型

本研究的结果，既说明了组织智力资本与组织业务知识特征的匹配对绩效具有的作用，也指出了实现匹配的分析路径。本研究的结果从多个方面支持了四象限匹配模型的设想。模型设想从知识密集度和知识可重复使用性两个维度来分析组织业务的知识特征，模型中四个象限的划分也正是从这两个维度展开。通过知识密集度的高低水平和知识可重复性的高低水平的组合形成四个象限。研究结果显示，在知识密集度与人力资本，知识可重复性与结构资本交互作用都显著的情况下，并没有发现人力资本与知识可重复性，结构资本与知识密集度之间的交互作用，就说明本研究提出从知识密集度和知识可重复性两个维度分析组织业务的知识特征是可行的。分析维度的确立为公共组织提供了分析视角，为下一步实现资源配置优化提供了具有操作性的分析工具。

从知识密集度和知识可重复性两个维度的高低状态，可以形成四种组合，分布在模型的四个象限内。每个象限内的高低状态也就对应相应的人力资本和结构资本配置组合，如图 3–3 中所示。通过对以往研究的回顾，可以发现，知识的创造、存储、转移、使用过程所具有的特点影响着智力资本配置的方式。也正是基于这些研究成果，本研究提出了以“匹配”为核心的四象限模型假设。具体来说，就是人力资本的高低水平对应知识密集度的高低水平，结构资本的高低水平对应知识可重复性的高低水平。本研究假设 1、假设 4 的成立就说明了相应的匹配对组织绩效的作用。比如说，当组织业务具有较高的知识密集度特征的时候，就需要有较高的人力资本与之匹配。当组织业务具有较低的知识可重复性时，就需要有较低的结构资本与之相匹配。实现匹配就能促进公共组织的绩效。正如模型中所设想的那样，当具有某个象限知识特征的组织具有与该象限相匹配的智力资本配置时，匹配会对组织绩效具有积极影响。模型中的每个象限已经表示出实现“匹配”所要具备的智力资本形态。也就是，业务具有较高知识密集度和较高知识可重复性的组织(图 3–3 中 A 类型),如果具备了较高的人力资本和较高的结构资本,那么就实现了匹配,这样的匹配将为组织绩效带来积极的影响。而那些业务上具有较高知识可重复性和较低知识密集度的组织(图 3–3 中 B 类型),则需要较高的结构资本和较低的人力资本与之相匹配,匹配同样能为组合绩效带来积极的影响。其中需要说明的一点是,操作者要判断知识密集度,知识可重复性的水平高低,以及人力资本,结构资本这些指标的高低,是需要在运用中进行调查和比较的。在本研究中,所用数据是样本组织的截面数据,把所有的样本放在一起来考虑。而对于现实中的操作者,则可以通过公共组织整体的知识密集度,知识可重复性,人力资本,结构资本的均值来判断自身在这些指标上的高低状态,进而判断本组织在所有公共组织中所处的位置,为后面的决策提供依据。

另外,正如在结论部分所提及的,具有低知识密集度和低知识可重复性的组织,如果按照"匹配"的要求,从资源配置的经济性方面来考虑,就需要有较低的人力资本和较低的结构资本。然而,在分析公共组织的智力资本与绩效的关系时,可以清晰地看到人力资本、结构资本对组织绩效的积极作用,这意味着较低的人力资本和较低的结构资本会给组织绩效带来消极影响。这就出现了问题,对于低知识密集度和低知识可重复性的组织来说,是"匹配"对绩效的积极作用大还是较低智力资本对绩效的消极作用大。结合某些具体的样本组织的数据来说,既存在双低"匹配"(也就是符合模型中第三象限 C 的匹配状态)而绩效高于平均水平的样本组织,也存在双低"匹配"绩效水平较低的状况。两种相反的作用最后呈现出的效果,所依赖的因素需要在后续的研究中进行探讨。上一章的人力资本与知识密集度交互效应图显示出的情况是,低知识密集度中人力资本对绩效的作用方向与高知识密集度组织中人力资本对绩效的作用方向并不相同。结构资本与知识可重复性交互效应图也出现了相同的情况。因此仅就本研究所获取的数据来看,智力资本与知识特征的“匹配”程度对组织绩效的影响作用是明显的。

对本研究来说,更重要的作用是针对拥有了一定资源的公共组织,在需要做出智力资本配置决策的时候,分析模型可以帮助决策者决定投资的方向。四象限分析模型为决策者提供了一个可操作的分析框架。决策者有了分析工具,就能够依据业务的知识特征来决策:是把资源更多地投向人力资本,还是把资源更多地投向结构资本。如果缺少决策分析工具,组织不加区分地把资源投在了智力资本之中,也许也能带来绩效,但相比较而言,投资决策的风险会增高。如果有导向性的把智力资本区分为人力资本和结构资本,而且依据组织业务的知识特征有针对性地来配置人力资本和结构资本,则可以实现智力资本的投资配置具有更高的效率,带来更高的绩效。相对于组织业务知识特征来说,人力资本和结构资本的配置错位或不到位,都会有损智力资本投资应有的效益,限制资源效率的发挥。比如,一个具有高知识密集度和低知识可重复性的组织,如果把投资方向定为主要投资结构资本,那么根据本研究的结果,投资所带来的效率将低于投向人力资本所带来的效率。同样地,资源投放方向不明晰或者投放方向不准确都将影响资源的效率。

经过本研究验证的四象限匹配模型,为组织的决策者在进行智力资本配置时提供了分析的工具。依据对组织业务的知识特征的分析，可以为智力资本配置明确方向和重点。

3. 选用恰当的人力资源开发策略调整智力资本

本研究的另一个重点是如何通过人力资源开发实现组织智力资本的高效配置。在本研究中，列出了四种类型的人力资源开发策略，分别是平衡发展型、结构导向型、收缩型和人员导向型。每种策略类型包含了一系列具有相同目标且具有协同效应的人力资源开发措施。这些措施都是由专家小组讨论归类以后总结得出，具有典型性。平衡发展型人力资源开发策略既注重发展人力资本，也注重发展结构资本，并且促进人力资本与结构资本间的平衡和转化。结构导向型人力资源开发策略则是指开发措施的目标和注意力集中在发展组织的结构资本。收缩型人力资源开发策略则是严格控制对人力资本和结构资本的投资，仅需配置有限的智力资本以维持组织的运转。人员导向型人力资源开发策略则是主要关注人力资本的发展。

在四象限分析模型中，每个象限代表一种业务知识特征的状态，会有相应的人力资本和结构资本的组合与此种状态相匹配。本研究的结果已经证实了此种匹配对于组织绩效具有积极的影响，那么作为调整智力资本配置的工具，人力资源开发措施承担着促进“匹配”实现的任务。根据战略人力资源的理论以及文献综述部分讨论的相关研究，战略性的人力资源开发既要求人力资源开发与组织的战略、组织的特征相协调，也要求人力资源开发的各种措施之间具有协调性，也就是人力资源“构型观”所持的观点。本研究提出的四象限模型假设四种人力资源开发策略分别会带来不同的人力资本和结构资本配置状态。如果使用某种人力资源开发策略则可帮助组织实现相应的配置状态，比如使用结构导向型的人力资源开发策略能带来较高的结构资本和较低的人力资本。因此，模型中假设对应某种智力资本形态，选择相应的人力资源开发策略就能实现。再进一步说，人力资本开发策略具有不同的导向性，选择何种策略更适合组织，从根本上说组织业务的知识特征具有影响作用。组织所选择的人力资源开发策略目的就是调节人力资本和结构资本的配置实现“匹配”，智力资本与组织业务特征的匹配。组织在做出决策时，是使用人力资源开发策略工具实现匹配，而最终的目标还是提高组织绩效。

按照本研究的设想，四种类型的人力资源开发策略会分别对人力资本和结构资本具有不同的作用效果。假设 5 至假设 12 分别列出了研究设想的作用效果。经过检验分析，研究假设 5、假设 6、假设 8、假设 9、假设 10、假设 11 都获得了数据支持，说明设想的作用存在且显著，假设 7 和假设 12 没有得到支持。这些结果基本支持了四种人力资源开发策略会带来相应的人力资本和结构资本配置状态。具体来看，平衡发展型的人力资源开发策略对人力资本和结构资本都有正向作用，结构导向型的人力资源开发策略能促进组织的结构资本发展，而人员导向型人力资源开发策略会促进人力资本的发展，收缩型的策略则会对人力资本和结构资本都会产生消极的作用。

尽管没有发现结构导向型的人力资源开发策略会对人力资本产生负向作用，但对人力资本也没有表现出显著的作用。相似的，人员导向型人力资源开发策略对结构资本没有产生设想的负向作用，但也没有显现出显著作用。这些结果说明当组织关注结构资本，把资源主要投向了结构资本时，此类人力资源开发措施并不会导致人力资本的降低。相应地，人员导向型的人力资源开发策略也不会导致结构资本的降低。这些结果都说明,人力资本和结构资本的发展是积累出来的。没有产生设想的负向作用可能还与公共组织的特点有关。我国的公共组织具有较高的队伍稳定性,有重点的导向性开发策略也就不会显著地影响非重点的那种资本。另外,一般来说,原有的智力资本基础一经产生就会持续地发挥作用,即使是组织的投资开发重点放在了人力资本和结构资本两者之一,那么另外一类资本也不会因此而产生明显的衰退。偏向一方的策略会带来重点的发展但并不会带来非重点的损失。这样的结果符合现实状况,而且体现出人力资本、结构资本所具有的资本属性。结构导向型也好,人员导向型也好,都只是表明了组织的投资和发展的重点,而不是对非重点资本进行缩减。

在实践中可以看到,组织的智力资本是随着时间逐渐积累的。公共组织通过预算规划来获得新增投资,补充智力资本。在获得资源后,组织要决策的是把资源投向人力资本与结构资本中的哪一方,还是两者要平衡。即使是使用收缩型的人力资源开发策略,其实也是一种平衡。收缩型的人力资源开发策略就是仅仅维持组织运转所需的最基本的人力资本或结构资本,对智力资本的投资严格控制。从发展的角度来看,要想使资本发挥效益,是需要对资本进行持续的保养,需要投入资源。人力资本和结构资本也是这样。当使用收缩型人力资源开发策略的程度升高,时间拉长,对于智力资本的投入小于智力资本本身的老化程度,那么就会带来人力资本和结构资本的缩减。也就是研究中所表现出来的收缩型人力资源开发策略得分与人力资本和结构资本都是负向关系。所以长期使用收缩型人力资源开发策略会带来智力资本的收缩。与此相关联的另一个问题就是，需要实现低人力资本和低结构资本配置的组织，使用收缩型的人力资源开发策略主要是针对智力资本投资过度的情况。从组织效率的角度来考虑，过度投资智力资本会带来资源的低效率，比如组织的业务仅是较低知识含量和较低知识重复性，却花费了大量的资金引进吸引高技能人才，这就是一种资源浪费。对组织来说是过度投资造成浪费，对社会来说则是公共组织加重了社会负担还占用了社会资源。为了解决过度配置的问题，组织可以使用收缩型的人力资源开发策略，逐渐降低组织的智力资本水平，使其回复到与业务知识特征相匹配的状态上。

在本研究中，更具有现实意义的是结构导向型策略和人员导向型策略的作用。研究结果已经显示出结构导向型的人力资源开发策略对结构资本具有正向作用而对人力资本没有显著作用，人员导向型策略则是对人力资本具有正向作用，而对结构资本没有显著作用。因此组织在配置智力资本时，需要有明确的目标作为引导。如果智力资本配置的目标不明确，则会导致人力资源开发策略选择存在偏移的可能性，后果则是智力资本配置的方向远离“匹配”目标，进而损失组织的效率。比如一个具有高知识密集度和低知识可重复性的组织，如果在缺乏分析的情况下选择了结构导向型的策略所包含的人力资源开发措施，那么会带来结构资本的增长。结构资本的增长也许会对绩效具有一定的积极作用，但这样配置对组织绩效的提升程度肯定要低于把同样的资源用于人员导向型人力资源开发策略促进人力资本增长所能达到的效果。也正是模型中所呈现的那样，使用结构导向型的策略带来较高的结构资本和较低的人力资本，这样的智力资本形态与高知识可重复性和低知识密集度相匹配。从而再次说明，组织使用人力资源开发策略时，需要以组织的战略、组织的业务作为分析基础。

另外，分析结果显示，经过修正的模型中四种人力资源开发策略之间存在显著的相关关系，这与现实情况是相符的。本研究在收集数据的过程中，并没有主观地把任何一个公共组织归为某种人力资源开发策略类型，而是收集每个组织在四种人力资源开发策略上的得分情况。这样的设计减少了人为划分导致的信息损失，也更加符合现实的情况。因为各个样本组织现行的人力资源开发措施不一定都是具有外部协调性和内部协调性的一套措施，更多的是在使用缺乏系统性和统一导向的一堆措施。具体某个公共组织的人力资源开发工作既可能包含了结构导向型的策略中的某些措施，也可能包含收缩型策略中的某些措施。各种措施之间可能没有明晰的协调性和系统性，各种效果不同的措施可能同时使用。缺乏系统内部协调性的情况出现可能与某些公共组织的人力资源开发系统的发展水平有关，也可能与公共组织人事工作（或人力资源工作）现行的上级指导与单位管理相结合的工作系统有关。当然，四种策略类型主要是给出了具有不同导向的主要人力资源开发措施，并不能穷尽所有的措施，也不是人为的使各种措施之间相互排斥，而是从更加现实的角度来分析公共组织在使用人力资源开发措施过程中具有的导向性。为了达到这一目的，本研究所使用的数据收集方式是为了能够接近现实状况，当然这种方法也导致了策略之间的得分具有相关性。

综上所述，从研究结果来看，四种人力资源开发策略类型基本上会带来研究所设想的智力资本形态。组织可以根据自身需要的智力资本形态来选择相应的人力资源开发策略，使用其中所包含的人力资源开发措施来达到目的。在四象限分析模型中，每个象限对应一种开发策略是一种导向性的建议，也便于分析时简洁说明各类策略的效果。在实际的运用中，需要分析组织智力资本的现实状况，匹配的目标状况以及组织在智力资本方面所能运用的资源来综合分析和选择相应的人力资源开发策略。

三、从结论到管理运用

在前面分析和讨论的基础上，本研究的结论可在以下方面进行运用，并提出相应的管理建议。

1. 通过对知识特征的分析将组织业务与智力资本连接起来

公共组织的产出通常都是像政策、方案、服务这样的无形产品，智力资本是公共组织履行职能过程中最主要的生产资料。对公共组织来说，如何配置智力资本，以什么为依据开发智力资本才能提高组织效率是需要解决的问题。本研究的结论支持的四象限模型，则为公共组织配置智力资本提供了一个分析框架。通过分析可以发现，模型中的知识特征把组织业务与智力资本连接到一起。知识是构成组织智力资本的基本元素，知识是贯穿其中的主线。通过对组织职能、组织业务的知识分析，就能看到组织的运作是由众多的知识元素构成的，这些知识分布在个人之中、组织之内，组织就是通过创造、存储、转移、使用这些知识来推动组织完成业务、实现职能，进而达到目标。知识特征分析就是把组织的业务和智力资本深层次的连接关系体现出来。

本研究的成果已经显示出使用知识密集度和知识可重复性两个维度来分析组织业务是可行的。而且知识密集度与人力资本，知识可重复性与结构资本之间分别具有显著的对应关系，这就使智力资本与组织业务的连接有了具体的方向性。而且交互效应的存在也说明了人力资本与知识密集度的匹配，结构资本与知识可重复性的匹配都对组织绩效具有作用。因此，把组织业务与智力资本连接起来就为智力资本的配置明确了方向，智力资本的配置也就有了明确的目标。通过匹配真正实现对组织战略的支持，真正把组织的职能、战略、业务落实在智力资本之上。

2. 根据智力资本配置的目标选择人力资源开发策略

人力资源开发所要实现的目标就是发展出组织所需要的适当的智力资本，也就是本研究中所提出的达到“匹配”状态的智力资本水平。研究者和实践者都在寻找人力资源开发对组织绩效的作用路径。如何使人力资源开发能够更好地服务于组织，就需要给人力资源开发活动以明确的路径和方向。开发什么，开发到什么程度有利于组织，如何实现开发，都是需要解决的问题。而智力资本视角则提供了一个具有可操作性的分析工具。前述的分析已经说明，知识特征的分析把组织的智力资本和组织业务连接在了一起，相应地，也把组织业务、战略与人力资源开发连在了一起，为人力资源开发工作提出了明确的方向，甚至是程度。因为智力资本把人力资源开发工作与组织业务、组织绩效联系到了一起。本研究中验证了“匹配”具有对组织绩效的影响，从而再一次说明了人力资源开发通过何种机制来促进组织绩效，也为人力资源开发工作找出了切实的目标。

因此，管理者和人力资源从业者在开发和管理智力资本的过程中，从知识的视角来审视和分析组织的业务、战略，能够明确智力资本配置要求和发展方向。让智力资本配置成为实实在在、有明确目标的管理活动，而不是简单地说“要发展人力资本或智力资本”。知识视角的分析和定位，将使组织的智力资本投资与业务有明确的连接关系，这也是将人力资源开发与组织的战略相联结的途径。组织的战略决定业务的范围，战略人力资源开发就是要使人力资源开发围绕组织战略展开，支持和服务于组织战略，同时帮助战略的形成。知识视角则是从“知识”这一基本元素入手，为智力资本与组织战略的对接提供了管道。在运用中，管理者可以把组织的战略、组织的业务作为分析的基础，用包括知识密集度和知识可重复性在内的特征维度来分析战略和业务，把智力资本的配置方向落实到业务的知识特征上来，也就是把人力资源开发工作落实到智力资本上来。

对公共组织而言，智力资本的作用是明显的，发展智力资本，提升组织绩效已成为众多公共组织管理者的共识。人力资源开发理论和实践的发展已经说明了，人力资源开发已经超越了传统的培训职能，既包括个人的学习和发展，也包括组织的学习和发展，知识则是贯穿其中的实体主线。人力资源开发的职能已经扩展成为发展组织的智力资本。当组织把蕴含于个人和组织的各种知识作为一个整体来考虑，并把这些知识视为资本来管理的时候，就会出现传统的管理未能涉及和解决的问题，比如把个人知识积累并转化为组织知识，并把知识标准化，形成可以运用的流程。经过职能扩展的战略性人力资源开发系统正是各类组织在实践中找到的系统解决智力资本管理问题的一个有效工具。公共组织作为以智力资本为主要工作资料的组织，需要关注和加强对智力资本的发展和管理。而使用并适时扩展人力资源开发职能是在现有条件下实现上述目的的有效途径。

众多的研究显示，组织投入资源发展智力资本会给组织带来更高的绩效。本研究的结果也说明了此结论对公共组织同样适用。但对现实中的组织来说，资源是有限的，用于发展智力资本的资源更是有限的。有限的资源投到智力资本中，就需要考虑投资的效果和效率。从最基本的成分来说，就需要决策是将资源投向人力资本还是投向结构资本。本研究的结论已经说明，当公共组织的决策者面临这样的问题时，需要回归到组织的本源上来进行分析和决策，就是从公共组织的职能、业务这一角度着眼来进行分析。本研究中提出的两个维度，也就是“知识密集度”和“知识可重复性”，对于分析组织业务的知识特征并作为智力资本配置的基础具有可行性。在操作中，决策者可以结合四象限分析模型来使用。首先，从业务的知识特征来确定组织在四象限矩阵中的位置，是属于高知识密集度与高知识可重复性，还是属于高知识密集度与低知识可重复性，抑或其他形态。然后，根据业务在两个知识特征维度的水平，分析出与之相匹配的人力资本和结构资本状态。从研究结果可以看出，人力资本和结构资本状态的错位会损害组织的效率。因此，通过实现智力资本与组织业务知识特征的匹配，是组织在有限资源下促进绩效的途径。人力资源开发策略则是调整智力资本、实现匹配的操作工具。四种人力资源开发策略分别会为组织带来不同的智力资本配置状态。决策者需要做的就是分析出智力资本现有状态和匹配所要求的状态间存在的差异，从而明确调整方向。四种人力资源开发策略分别指向四种调整方向。通过使用某种具体的开发策略就能实现智力资本沿着相应的方向发展。因此，确定调整方向是选择人力资源开发策略的基础。方向则是实现匹配所要求的智力资本状态。

先要分析组织现有的人力资本、结构资本配置形态是否实现了匹配。如果没有实现匹配，存在错位的状况，那么匹配就是人力资源开发工作的目标。可以使用本研究中提出的四类开发策略之一所包含的措施来调节人力资本与结构资本的配置，向目标状态移动。比如，对于一个具有高知识密集度和高知识可重复性的组织，如果现在的智力资本状态是人力资本较高而结构资本较低，那么组织未来可选用平衡发展型的人力资源开发策略，均衡发展人力资本和结构资本，并注重两者之间的转化。通过实施平衡发展型人力资源开发策略所包含的多项开发措施，智力资本的配置状态就会向着高人力资本和高结构资本的状态发展，实现与组织业务知识特征的匹配。当然，如果组织的智力资本状态偏移的程度较高，也就是组织具有非常高的人力资本而结构资本很低，那么组织可以先选用一段时间的结构导向型人力资源开发策略。通过集中发展结构资本达到调整平衡人力资本和结构资本的目的。本研究的结果已经说明了，使用结构导向型的人力资源开发策略并不会对组织已经积累的人力资本产生明显的消极影响。

3. 统筹规划用于发展组织智力资本的资金或资源

公共组织用于发展智力资本的资金和资源是有限的，而且还分散在多个领域使用。比如，人员培训费用由人事部门支配，信息系统建设由信息部门支配，制度和文化建设费用由办公室支配，而有的组织就根本没有资源来进行制度建设和文化建设，或是建立内部的信息平台。分散的资源不能统筹使用，也就没有统一的规划，更不能形成有重点、符合组织业务需求的智力资本发展投资。造成的结果是，资源消耗了但是应该发展的部分却没有发展起来。某县卫生局，由于人员编制过少，造成该管的事管不完，该办的事不能及时办，但上级领导非常重视文化建设，每年都下拨资金要求各县开展文化建设，因此该局不得不在有限的人手中抽出专人来开展局内的文化建设，把下拨资金在文化方面用足、用好。对该卫生局来说，最迫切的不是制度建设或文化建设，而是人员的配置已经难以满足业务的要求，影响了组织绩效。把资源用于发展人力资本是解决当下问题的关键。然而，由于种种限制和规定，用于文化建设的资金只能是发展属于结构资本的组织文化。相同的资金量如果用于聘用一些人员来完成具体业务，那么将有效提高组织的绩效。而且这样的偏移也造成了资源使用效果的损失。智力资本的构成是多方面的，用于发展智力资本各个构成部分的资源分散于不同的部门或项目之中，只有把分散的资源统筹起来考虑才能有效地利用好资源。这是因为，在不同组织中智力资本的各个构成部分对组织绩效的作用效果是不同的。同样的资源用于发展那些组织最迫切需要的部分，就能实现资源对绩效贡献的最大化。对公共组织而言，这里的绩效既包括服务的数量、质量也包括组织效率和资源使用效率。例如，美国政府部门在 1999 年就开始设置首席知识官，负责从整体上协调内部的知识整合，提高利用效率。“9·11”袭击更是促进政府部门反省了内部的智力资本管理，在国土安全部新设置了首席人力资本官，整体负责内部的智力资本发展事宜。对于管理者而言，更重要的是能够从整体上审视组织的智力资本，清晰看到智力资本各个部分与组织绩效的联系。有了整体性的智力资本视角，才能够统筹规划用于发展智力资本的资源，也才能发挥好资源的效率。

4. 使用具有导向性的智力资本投资策略

对组织而言，智力资本是需要投资才能获取的。无论是采用从外部引进人才或内部培养人才来发展人力资本，还是从外部购买信息系统或内部建设组织文化来发展结构资本，都需要组织投入资源。本研究的结果说明了投资产生的智力资本能够沉淀在组织内部，持续为组织绩效做出贡献。前面已经论述了需要统筹使用资源，这里就需要说明在统筹规划中如何分配资源。在明确了组织智力资本投资对组织绩效的重要性和作用之后，管理者需要思考的是该如何投资。本研究的结果说明组织在投资智力资本时应该进行具有导向性的投资。而导向的标准之一就是把资源投在产出投入比最高的部分。产出就是公共组织的绩效，投入就是用于发展智力资本的资源。本研究的结果已经提出了一个用于分析智力资本配置的四象限模型，从知识密集度和知识可重复性两个维度来分析组织的业务，使智力资本的配置与知识特征相匹配，通过匹配来促进组织绩效。用于组织发展和人员发展的投资是有限的。在投资有限的条件下，组织需要把资源用在最具效率的方面。正如本研究的结果所显示的，公共组织的人力资本、结构资本与组织绩效具有显著的正相关关系。公共组织要取得高绩效需要发展人力资本和结构资本。但是研究结果显示，错位的投资并不能产生相应的绩效。具有高知识密集度的组织，如果把资源都投向了结构资本，并不一定不会带来绩效，但效率将会低于把资源投在发展组织的人力资本上所得到的产出。还有一些极端的情况就是，某些组织在智力资本上的现状是过度错位，比如人力资本极高，而结构资本极低。此类情况下，人力资本增长所带来的边际效用远远低于结构资本增长带来的边际效用，组织只需要稍微投资于结构资本，或把投资于人力资本的资金用于结构资本则能够带来绩效的较大增长。所以智力资本的产出与组织业务特征有关，还与组织现在的智力资本实际状况有关，需要全面考虑。以上分析的是智力资本的产出方面。简言之，人力资本、结构资本会因为组织特征的不同而给组织带来不同的产出效率。

进行智力资本投资决策的分析中，还需要考虑的一个方面是智力资本的配置成本。在不同的地区，获取相同的人力资本和结构资本的成本是不相同的。比如在高素质专业人才供给充足的地区人力资本的获取成本要低于专业人才供给不足地区的获取成本。再比如，有的地方劳动力价格较高，组织就愿意使用机械来替代人力做一些重复性的工作，而同样的工作在那些劳动力价格极低的地方，组织则会更多地依靠人力来完成。这些分析都说明，理性的组织需要根据自身业务的特点，选择在相同投入下能带来更多绩效提升的那些方面。

人力资本的效率高就进行人力资本导向的投资，组织可以采用人员导向型的人力资源开发策略来实施。如果人力资本和结构资本都需要提高，则可以使用能够平衡发展型的人力资源开发策略让人力资本和结构资本共同发展。在智力资本过度配置的情况下，适当地缩减组织智力资本也能提高组织绩效。总之，在配置和管理智力资本的过程中，管理者应该综合分析确定智力资本投资的目标，然后进行有导向性的投资。让投资具有导向性是为了提高智力资本投资的效率。

5. 发挥公共组织规模效应，促进结构资本发展

本研究的结论已经说明发展结构资本对于知识可重复性高的组织具有积极作用。而其中的原理是，结构资本的建设就是把个人的知识积累到组织之中，而且把组织的知识用制度、规则、信

息库的形式加以传播和利用，减少重复开发知识的成本投入，有效提高知识重复使用的效率。公共组织是一个庞大的体系，有多个专业系统组成。比如，税务系统、工商管理系统、海关系统、环保系统等等。这些专业系统在各级地方具有分支，形成了一个庞大的体系。每个系统就是一个相对独立的专业领域。同一个系统内的组织会面临许多相似的问题。全国有两千多个县，就有两千多个县级环保局。在运行中许多组织会碰到相同或相似的问题。各地的单位都会投入人力物力寻找解决办法，其中有不少值得其他兄弟单位学习的经验，也有需要注意的教训。如果各地的公共组织各自为战，为了一个问题就会重复投入资源，造成浪费。在实际操作中，某些系统内部常常会通过建立示范单位、召开经验推广会、发行情况简报等方式在系统内进行传播和学习。这些都是组织知识积累和传播的手段，属于结构资本建设的内容。当研究者和管理者的视野从单个的组织扩大到整个系统的时候，结构资本的价值就显得更加突出。比如，某省的工商管理部门在省内开通了系统内部的网上咨询，省内各级工商管理局都可以通过这个咨询系统向省局提出实际工作中碰到难题，比如对政策内涵的把握尺度、行政执法的力度、管辖范围的划定等等，这些问题都需要上级的管理部门给予指导。咨询系统在开通的一年多时间里受到系统内部人员的称赞，认为此系统的建成有利于各地解决现实问题，提高工作效率。网上咨询系统的管理者在介绍时谈到，在初始阶段，省工商局出于某些考虑，对下属单位发来的问题逐个回复，回答问题不予公开。但后来发现有的问题是各地都会碰到的，不同的地区重复来问。针对这一现象，管理者对网络系统作了改进，把问题和答复张贴出来（某些特殊信息除外），使信息的传播不再是单线进行。这样有效地降低了问题的重复出现率，提高了咨询系统的效率。从中可以看出结构资本的建设所带来的效率。从全国来看，每个专业系统下辖的众多机构分布广泛，各地经济社会发展又呈现出不均衡的情况，各地会在不同的时间点上碰到相似的问题。比如，在产业结构升级过程中的城市规划问题，中部城市现在碰到的问题有些就是东部地区的城市在两年或五年前就曾经碰到过的。此种分布广泛而又呈现出发展梯度的状况，就更加有必要对知识进行积累，并在研究的基础上进行传播，各地再结合自身情况有选择、有发展地加以运用。这样就能有效地减少各地探索相同问题进行重复的资源投入，提高知识的使用效率。因此，建议各个系统的最高部门在推进电子政务的过程中，建立起系统内部的知识库，供系统内部各地的分支机构进行访问和交流。把问题分类列出，对政策解释单列一部分，对各地的问题回复单列一部分，对各地的实际经验单列一部分，类似扩展开去，允许各地在上面提问、咨询、发表意见或经验教训。通过内部的交流，可以使各地相互学习和借鉴。碰到问题时在知识库内搜寻就可看到相关的政策解释，各地的做法以及有关经验等等。从而有选择地加以学习和采纳，提高知识的使用效率。对于基层的公共组织来说，更多的职能是在重复执行法律和政策，知识库可以有效积累和分享重复过程中总结的经验。因此，较高行政层级的组织来实施结构资本的建设，将具有更高的效率。从公共组织整个系统的角度来说，发展结构资本能够有效扩大组织知识积累的范围和容量，降低知识重复使用的成本，在全系统的范围内提高知识的使用效率，也就是充分发挥整个公共组织大系统的优势，实现知识开发和使用的规模经济效应。

6. 关注组织业务知识特征的动态性和差异性

任何组织都处在动态的环境之中，所有的状态都不是恒定的。有效识别组织外部因素和内部状况，对于组织的发展是必要的。对某个具体的公共组织而言，其职能相对稳定，业务范围也相对稳定，但是在相同业务范围内需要解决的问题却随着环境的变动而变化。在某些情境下，组织的业务没有变化，而外在环境变化太迅速，就会使组织中以往所使用的知识变得无用，面临许多用旧知识无法解决的新问题，这是为什么在环境快速变化的当今世界，各国努力建设快速响应政府的原因之一。比如，食品添加剂安全性的评估这项业务是稳定的，但其业务的知识特征会随着添加剂的发展速度，检验方法的发展水平和发展速度而变化。公共组织为了履行职能，就需要应对外部环境变化带来的挑战，其业务的知识特征就会发生相应的变化。同样以食品添加安全性评估为例，在食品很少使用添加剂的条件下，业务的知识含量是有限的；但是当各种各样的物质都被作为添加剂加入食品的时候，对承担此项职能的公共组织提出了更高的要求，其业务的知识密集度就相应提高。当需要检验的食品种类变得多样的时候，知识的可重复使用性也在提高。组织就需要对智力资本进行相应的调整。另外一些情况就是，由于组织结构变化造成组织业务范围的变化，其业务的知识特征也会因此发生改变。相应地，组织也要动态调整智力资本以适应变化。总之，管理者需要关注和把握组织环境以及组织自身的动态性，进而分析组织业务知识特征的变化，适时调整智力资本的状态，满足组织职能要求。

另外，组织管理者也需要关注和分析业务特征的差异化。所谓业务特征的差异化是指，一个组织所要开展业务的种类有可能是多样化的，不同业务之间在知识密集度、知识可重复性上存在差异。以省级农业厅(局)为例，业务范围既要执行上级制定的政策和安排的项目，也要根据本省(市)实际情况研究制定相应的地方性政策在全省范围内推行。这两方面业务的知识密集度和知识可重复性是不一样的。智力资本在不同业务上的配置也应该具有差异性。对一个足够庞大的组织来说，按照业务类别有区别地进行智力资本建设是提高管理效率和资源利用效率的途径。按照各类业务的知识特征，分别建设人力资本和结构资本。当然，信息库这样的结构资本是可以共用来提高效率的，而像制度、规则、氛围这样的结构资本就需要根据不同的业务特征分别建设。对于一个中小型公共组织来说，要根据各种业务来分别调配智力资本是不现实的。管理者要做的是从整体上把握业务的特征，从总体上把握智力资本配置。分析掌握各类业务的具体特征将有助于管理者在整体把握的基础上，向不同的业务进行有导向性的资源投入。提高智力资本管理的精细化程度，以业务特征为基础，以科学分析为决策依据，提高资源利用效率。

7. 建立公共组织的智力资本发展档案，为人力资源开发工作打好基础

组织智力资本的发展是一个积累的过程。建立组织智力资本发展的档案，跟踪收集组织发展的相关信息，是完善人力资源开发工作，提升组织绩效的重要基石。人力资源开发实践中，需要强调经济理论作为基础理论所具有的指导作用。特别是要运用经济理论中的人力资本理论，从投资和收益的角度分析人力资源开发在发展组织和个人的知识，增加长期和短期价值方面所起到的作用。在讨论人力资源开发的作用时，不得不说的是人力资

源开发的效率，也就是用于人力资源开发的资源有效性。人力资源开发是需要投资的，而评估投资的收益和使用效率是人力资源开发系统所应包含的重要组成部分。然而，人力资源开发所带来的效果是有时滞的，而且这些效果的出现并不集中也难以测量，所以人力资源开发的整体投资回报是难以测量的，进而对于人力资源开发投资的有效性和效率也难以衡量。但难以衡量并不意味着不用去衡量和分析。不幸的是，现实中有众多的组织因为难以衡量就对人力资源开发活动放弃了评估和控制。对人力资源开发的投资非常有限，而且投放出去以后就置之不理，没有跟踪和分析投资的效果和效率，结果就是对人力资源开发缺乏管理①。

在短期之内，有经验的管理者可能凭借自己的经验发现现实中的问题并提出解决方案，但对组织来说这不是长远之计。要使组织能够长期平稳、高效地运转就需要收集和积累智力资本发展的档案，作为管理者决策所依赖的信息。只有建立了组织智力资本的档案，才有可能了解组织智力资本配置的发展过程和现状，从而为管理者明确智力资本发展目标，选择人力资源开发策略提供依据。

四、新视角带来新路径

本研究用实证的方法探讨了使用人力资源开发来提升公共组织绩效的新路径。从智力资本与业务知识特征匹配的视角，本研究提出了组织选择人力资源开发策略的依据，为人力资源开发策略服务于组织业务、组织绩效提供了一种新的分析视角。以往

---

① McCracken, M. and M. Wallace, "Towards a Redefinition of Strategic HRD", *Journal of European Industrial Training*, 2000, Vol. 24, No. 5, pp. 281—290.

的研究认为人力资源开发是通过增加智力资本来促进组织绩效的。这些研究缺少了对组织业务特征和资源约束条件的考虑，认为只要增加智力资本就会对组织绩效有促进作用。而本研究的结果则显示出，公共组织业务的知识特征会影响到智力资本对组织绩效的作用效果。本研究探索性地提出了智力资本与业务特征的匹配是人力资源开发作用于组织绩效的中间因素，并对此观点进行了验证，说明了公共组织可以使用人力资源开发策略发展出与组织业务知识特征相匹配的智力资本形态，从而提高智力资本的作用效果，更好地服务于组织绩效。

本研究提出了一个分析智力资本形态与组织业务知识特征"匹配"的四象限模型，并且通过定量的研究检验了这一模型。研究结果说明智力资本与业务知识特征的匹配程度对组织绩效有显著作用，从而在理论上建立起智力资本与组织特征之间的一种联系途径，为智力资本决策提供了分析框架。框架验证的结果说明：适合组织知识特征的智力资本形态才是有利于组织绩效的。这样的结果不同于以往智力资本研究中认为智力资本越多越好的观点。

本研究归纳了四类人力资源开发策略用于调整智力资本形态。本研究分析说明了四种人力资源开发策略能为组织带来不同的智力资本形态。公共组织可根据业务知识特征，结合组织自身状况，选择并实施能促进智力资本与知识特征"匹配"的人力资源开发策略类型，最终提高组织绩效。四类人力资源开发策略为实现智力资本配置目标提供了可操作的工具。

本研究以中国的公共组织作为样本，为中国的公共组织探索通过人力资源开发措施进行智力资本投资和管理提供了依据，也为有关智力资本作用效果的研究提供了新的经验数据。针对公共组织的智力资本研究较为少见,在中国更是如此。本研究将智力资本与组织业务知识特征匹配为基础的分析方法用于公共组织人力资源开发领域具有创新性,探索了在中国公共组织内开展人力资源开发研究及实践的一种新视角。

五、对未来研究的建议及展望

基于以上分析,结合本研究的结论和存在的局限,在未来的研究中可以从以下几个方向进行扩展:

由于本研究的取样范围是所有的公共组织,涉及交通管理、建设、税收、环保、农业等多个系统。这样的取样增加了样本的代表性,但也造成由于业务内容差异而使对智力资本、知识特征等变量的评定缺乏统一标准。因此未来的研究可专注于一个系统,比如选取环保系统,或是选取农业系统。这样就能减少因为业务内容差异所导致的对数据质量的不良影响,控制在一个业务领域进行研究。并且在有条件的情况下,可加入专家组对每个样本进行评分。使用具有统一标准的数据来检验假设和模型。

建议未来的研究可以使用具有更深层次信息的案例来进行分析验证。特别是,对建立了智力资本发展档案的组织,可以进行长期的跟踪研究,获取多方面信息和数据,特别是组织绩效的时序数据,对本研究提出的模型进行验证或修正。同时,可以有效地监测组织环境的动态性造成的组织知识特征的变化对于智力资本配置要求的影响。

建议进一步研究适合于中国公共组织的智力资本测量、记录工具。对于具有庞大体系和众多人员的整个公共组织系统,对智力资本的研发、管理将能够提高管理有效性。而研发出的测量工具将为公共组织管理提供有效的决策依据，从而提升公共组织的管理水平。同时，公共组织的智力资本管理研究可以促进行政管理实践的发展，提高行政水平。

对于人力资源开发策略，本研究主要是列出了实现调节智力资本目标的几个导向。人力资源开发策略是管理者可以用来提高组织绩效的工具。对于智力资本作用显著的公共组织更是这样。建议未来的研究，可以在现有人力资源开发策略类型下，详细研究每种策略类型所包含的开发措施，各种措施间的相互关系，以及各种措施如何相互作用来影响人力资本和结构资本的状态和发展。这样的研究将为公共组织管理者进行管理实践提出更具体的指导策略。

参考文献

陈晓萍、徐淑英、樊景立主编:《组织与管理研究的实证方法》,北京:北京大学出版社 2008 年版。

戴维·克雷恩主编:《智力资本的战略管理》(孟庆国、田克录译),北京:新华出版社 1999 年版.

董克用主编:《构建公共服务型政府》,北京:中国人民大学出版社 2007 年版。

冯子标:《人力资本运营论》,北京:经济科学出版社 2002 年版。

侯杰泰、温忠麟、成子娟:《结构方程模型及其应用》,北京:教育科学出版社 2004 年版。

雷蒙德·诺伊:《雇员培训与开发》(徐芳译),北京:中国人民大学出版社 2001 年版。

李和中:《公共部门人力资本产权的性质及其运作》,《武汉大学学报(哲学社会科学版)》2005 年第 5 期。

廖化化、文依平:《公共行政部门人力资源培训新视角》,《社会心理科学》2008 年第 1 期。

刘军主编:《管理研究方法:原理与应用》,北京:中国人民大学出版社 2008 年版。

罗纳德·克林格勒、约翰·纳尔班迪:《公共部门人力资源管理:系统与战略》(孙柏瑛、潘娜、游祥斌译),北京:中国人民大学出版社 2001 年版。

帕特里克·沙利文:《智力资本管理——企业价值萃取的核心能力》(陈劲等译),北京:知识产权出版社 2006 年版。

潘金云主编:《中国人力资源开发年鉴》,北京:中国发展出版社 2008 年版。

宋斌、鲍静、谢昕:《政府部门人力资源开发》,北京:清华大学出版社 2005 年版。

汪玉凯等:《中国行政体制改革 30 年回顾与展望》,北京:人民出版社 2008 年版。

王通讯主编:《人才战略规划的制定与实施》,北京:党建读物出版社 2008 年版。

吴江、胡冶岩主编:《公共部门人力资源管理》,北京:中共中央党校出版社 2003 年版。

吴琼恩等:《公共人力资源管理》,北京:北京大学出版社 2006 年版。

萧鸣政编著:《人力资源开发的理论与方法》,北京:高等教育出版社 2004 年版。

萧鸣政主编:《人力资源开发与管理——在公共组织中的应用》,北京:北京大学出版社 2005 年版。

徐笑君:《基于学习的组织资本转化管理研究》,《研究与发展管理》2001 年第 4 期。

袁斌:《动态竞争的战略主题及核心能力的提升路径》,《中国管理科学》2004 年第 2 期。

原毅军、张晓峰:《基于智力资本的企业战略研究》,《大连理工大学学报(社会科学版)》2006 年第 1 期。

张建华、刘仲英:《知识管理环境营建策略》,《科学管理研究》2006 年第 5 期。

周志忍:《当代国外行政改革比较研究》,北京:国家行政学院出版社 2003 年版。

Adler, P. S. and S. K. Kwon, "Social Capital: Prospects for a New Concept", *Academy of Management Review*, 2002, Vol. 27, No. 1, pp. 17—40.

Adner, R. and C. E. Helfat, "Corporate Effects and Dynamic Managerial Capabilities", *Strategic Management Journal*, 2003, Vol. 24, No. 10, pp. 1011—1025.

Argote, L., P. Ingram, J. M. Levine and R. L. Moreland, "Knowledge Transfer in Organizations: Learning from the Experience of Others", *Organizational Behavior and Human Decision Processes*, 2000, Vol. 82, No. 1, pp. 1—8.

Argyris, C., "Action Science and Intervention", *The Journal of Applied Behavioral Science*, 1983, Vol. 19, No. 2, pp. 115—135.

Arthur, J., "Effects of Human Resource Systems on Manufacturing Performance and Turnover", *The Academy of Management Journal*, 1994, Vol. 37, No. 3, pp. 670—687.

Autio, E., H. J. Sapienza and J. G. Almeida, "Effects of Age at Entry, Knowledge Intensity, and Imitability on International Growth", *The Academy of Management Journal*, 2000, Vol. 43, No. 5, pp. 909—924.

Badaracco, J. L., *The Knowledge Link: How Firms Compete Through Strategic Alliance*, 1991, Harvard Business School Press, Boston, MA, U. S. A.

Barney, J. B., "Firm Resources and Sustained Competitive Advantage", *Journal of Management*, 1991, Vol. 17, pp. 99—120.

Bontis, N., N. C. Dragonetti, K. Jacobsen and G. Roos, "The Knowledge Toolbox: A Review of the Tools Available to Measure and Manage Intangible Resources", *European Management Journal*, 1999, Vol. 17, No. 4, pp. 391—402.

Bontis, N., "Intellectual Capital: An Exploratory Study that Develops Measures and Models", *Management Decision*, 1998, Vol. 36, No. 2, pp. 63—76.

Bontis, N., "Managing Organizational Knowledge by Diagnosing Intellectual Capital", *International Journal of Technology Management*, 1999, Vol. 18, No. 5—8, pp. 433—462.

Bontis, N., "There's a Price on Your Head: Managing Intellectual Capital Strategically", *Business Quarterly*, 1996, Vol. 60, No. 4, pp. 40—44.

Bontis, N. and Jac Fitz-enz, "Intellectual Capital ROI: A Causal Map of Human Capital Antecedents and Consequents", *Journal of Intellectual Capital*, 2002, Vol. 3, No. 3, pp. 223—247.

Boyne, G. A., "Concepts and Indicators of Local Authority Performance: An Evaluation of the Statutory Frameworks in England and Wales", *Public Money and Management*, 2002, Vol. 22, No. 2, pp. 17—24.

Boyne, G. A. and R. M. Walker, "Strategy Content and Public Service Organizations", *Journal of Public Administration Research and Theory*, 2004, Vol. 14, No. 2, pp. 231 - 252.

Brewer, G. A. ,"In the Eye of the Storm: Frontline Supervisors and Federal Agency Performance", *Journal of Public Administration Research and Theory*, 2005, Vol. 15, No. 4, pp. 505—527.

Brooking, A. , *Corporate Memory: Strategies for Knowledge Memory*, 1999, International Thomson Business Press, London, United Kingdom.

Brooking, A. , *Intellectual Capital: Core Assets for the Third Millennium Enterprise*, 1996, Thomson Business Press, London, United Kingdom.

Brown, J. S. and P. Duguid,"Local Knowledge: Innovation in the Networked Age", *Management Learning*, 2002, Vol. 33, No. 4, pp. 427—437.

Brown, J. S. and P. Duguid,"Organizational Learning and Communities-of-Practice: Toward a Unified View of Working, Learning, and Innovation", *Organization Science*, 1991, Vol. 2, No. 1, pp. 40—57.

Caddy,I. ,"Intellectual Capital: Recognizing Both Assets and Liabilities", *Journal of Intellectual Capital*, 2000, Vol. 1, No. 2, pp. 129—146.

Chalminade, C. and U. Johanson,"Can Guidelines For Intellectual Capital Management and Reporting Be Considered Without Addressing Cultural Differences", *Journal of Intellectual Capital*, 2003, Vol. 4, No. 4, pp. 528—542.

Chaminade, C. and H. Roberts,"What It MeansIs What It Does: A Comparative Analysis of Implementing Intellectual Capital in Norway And Spain", *European Accounting Review*, 2003, Vol. 12, No. 4, pp. 733—751.

Chen, H. M. and K. J. Lin,"The Role of Human Capital Cost in Accounting", *Journal of Intellectual Capital*, 2004, Vol. 5, No. 1, pp. 116—130.

Chen, J. , S. J. Cheng and Y. Hwang,"An Empirical Investigation of the Relationship between Intellectual Capital and Firms' Market Value and Financial Performance", *Journal of Intellectual Capital*, 2005, Vol. 6, No. 2, pp. 159—176.

Cinca, C. S. , C. M. Molineroand A. B. Queiroz,"The Measurement of Intangible Assets in Public Sector Using Scaling Techniques", *Journal of Intellectual Capital*, 2003, Vol. 4, No. 2, pp. 249—275.

Cohen, Wesley M. and Daniel A. Levinthal, "Absorptive Capacity: A New Perspective on Learning and Innovation", *Administrative Science Quarterly*, 1990, Vol. 35, No. 1, pp. 128—152.

Cong, X., R. Li-Hua and G. Stonehouse, "Knowledge Management in The Public Sector: Empirical Investigation", *Journal of Technology Management in China*, 2007, Vol. 2, No. 3, pp. 250—263.

Danish Agency for Trade and Industry (DATI), *Intellectual Capital Accounts: New Tool for Companies*, 1998 (English version), DTI Council, Copenhagen.

Davenport, T. H., David W. De Long and Michael C. Beers, "Successful Knowledge Management Projects", *Sloan Management Review*, 1998, Vol. 39, No. 2, pp. 43—57.

Dekker, R. and R. De Hoog, "The Monetary Value of Knowledge Assets: A Micro Approach, *Expert Systems with Applications*, 2000, Vol. 18, No. 2, pp. 111—124.

Delaney, J. T. and M. A. Huselid, "The Impact of HRM Practiceson Perceptions of Organizational Performance", *Academy of Management Journal*, 1996, Vol. 39, No. 4, pp. 949—969.

Delery, J. E. and D. H. Doty, "Modes of Theorizing in Strategic Human Resource Management: Tests of Universalistic, Contingency, and Configurational Performance Predictions", *The Academy of Management Journal*, 1996, Vol. 39, No. 4, pp. 802—835.

Dixit, A., "Incentives and Organizations in The Public Sector: An Interpretative Review", *The Journal of Human Resources*, 2002, Vol. 37, No. 4, pp. 696—727.

Dollinger, M. J. and P. A. Golden, "Interorganizational and Collective Strategies in Small Firms: Environmental Effects and Performance", *Journal of Management*, 1992, Vol. 18, No. 4, pp. 695—715.

Dragonetti, N. C. and G. Roos, "Efficiency and Effectiveness in Government Programmes: An Intellectual Capital Perspective", *In the 2nd World Congress on*

Intellectual Capital, 1998, McMasters University, Hamilton, Canada.

Edvinsson, L. ,"Developing Intellectual Capital at Skandia", *Long Range Planning*, 1997, Vol. 30, No. 3, pp. 266—273.

Edvinsson, L. and M. S. Malone, *Intellectual Capital: The Proven Way to Establish Your Company's Real Value by Measuring it Hidden Brain Power*, 1997, Piatkus, London, United Kingdom.

Edvinsson, L. and P. Sullivan,"Developing A Model for Managing Intellectual Capital", *European Management Journal*, 1996, Vol. 14, No. 4, pp. 356—364.

Eisenhardt, K. M. and C. B. Schoonhoven, "Organizational Growth: Linking Founding Team, Strategy, Environment, and Growth among US Semiconductor Ventures, 1978—1988", *Administrative Science Quarterly*, Vol. 35, No. 3, pp. 504—529.

Fletcher, C. , "Performance Appraisal and Management: The Developing Research Agenda", *Journal of Occupational and Organizational Psychology*, 2001, Vol. 74, No. 4, pp. 473—487.

Foss, N. J. , "Bounded Rationality and Tacit Knowledge in the Organizational Capabilities Approach: An Assessment and A Re-evaluation", *Industrial and Corporate Change*, 2003, Vol. 12, No. 2, pp. 185—201.

Fottler, M. D. , "Is Management Really Generic?", *Academy of Management Review*, 1981, Vol. 6, No. 1, pp. 1—12.

Frayne, C. A. and J. M. Geringer,"Self-Management Training for Improving Job Performance: A Field Experiment Involving Salespeople", *Journal of Applied Psychology*, 2000, Vol. 85, No. 3, pp. 361—372.

Gould-Williams, J. ,"The Importance of HR Practices and Workplace Trust in Achieving Superior Performance: A Study of Public-sector Organizations", *International Journal of Human Resource Management*, 2003, Vol. 14, No. 1, pp. 28—54.

Grant, R. M. ,"Prospering in Dynamically-competitive Environments: Organizational Capability as Knowledge Integration", *Organization Science*, 1996, Vol. 7, No. 4, pp. 375—387.

Gratton, L. andS. Ghoshal, "Managing Personal Human Capital: New Ethos for the 'Volunteer' Employee", *European Management Journal*, 2003, Vol. 21, No. 1, pp. 1—10.

Grossman, R. J., "Measuring Up: Appropriate Metrics Help HR Prove Its Worth", *HR Magazine*, 2000, Vol. 45, No. 1, pp. 28—35.

Guest, D. E., "Human Resource Management and Performance: A Review and Research Agenda", *The International Journal of Human Resource Management*, 1997, Vol. 8, No. 3, pp. 263—276.

Gupta, A. K. and V. Govindarajan, "Knowledge Management's Social Dimension: Lessons from Nucor Steel", *Sloan Management Review*, 2000, Vol. 42, No. 1, pp. 71—79.

Guthrie, J., R. Petty and U. Johanson, "Sunrise in The Knowledge Economy: Managing, Measuring and Reporting Intellectual Capital", *Accounting, Auditing and Accountability Journal*, 2001, Vol. 14, No. 4, pp. 365—384.

Haanes, K. and B. Lowendahl, "The Unit of Activity: Towards an Alternative to the Theories of the Firm", *Strategy, Structure and Style*, 1997, Ed. Thomas, H. et al, John Wiley and Sons Ltd.

Hall, R., "The Management of Intellectual Assets: A New Corporate Perspective", *Journal of General Management*, 1989, Vol. 15, No. 1, pp. 53—68.

Hansen, M. T., N. Nohria and T. Tierney, "What's Your Strategy for Managing Knowledge", *Harvard Business Review*, 1999, Vol. 77, No. 2, pp. 106—116.

Harel, G. H. and S. S. Tzafrir, "The Effect of Human Resource Management Practices on The Perceptions of Organizational and Market Performance of The Firm", *Human Resource Management*, 1999, Vol. 38, No. 3, pp. 185—199.

Harrison, J. S., M. A. Hitt, R. E. Hoskisson and R. D. Ireland, "Synergies and Post-Acquisition Performance: Differences Versus Similarities in Resource Allocations", *Journal of Management*, 1991, Vol. 17, No. 1, pp. 173—190.

Hitt, Michael A., Javier Gimeno, and Robert E. Hoskisson. "Current and Future Research Methods in Strategic Management", *Organizational Research Methods*, 1998, Vol. 1, No. 1, pp. 6—44.

Hoskisson, R. E. and M. A. Hitt, "Strategic Control Systems and Relative R. and D Investment in Large Multi-product Firms", *Strategic Management Journal*, 1988, Vol. 9, No. 6, pp. 605—621.

Huber, G. P., "Organizational Learning: The Contributing Processes and the Literatures", *Organization Science*, 1991, Vol. 2, No. 1, pp. 88—115.

Hudson, W., *Intellectual Capital: How to Build It, Enhance It, Use It*, 1993, John Wiley, New York, NY.

Huselid, M. A., S. E. Jackson and R. S. Schuler, "Technical and Strategic Human Resource Management Effectiveness as Determinants of Firm Performance", *Academy of Management Journal*, 1997, Vol. 40, No. 1, pp. 171—188.

Huselid, M. and B. Becker, "Methodological Issues in Cross-Sectional and Panel Estimates of the HR-Firm Performance Link", *Industrial Relations: A Journal of Economy and Society*, 1996, Vol. 35, No. 3, pp. 400—422.

Huselid, Mark A., "The Impact of Human Resource Management Practices on Turnover, Productivity, and Corporate Financial Performance", *Academy of Management Journal*, 1995, Vol. 38, No. 3, pp. 635—672.

Jahera, J. S. and W. P. Lloyd, "Additional Evidence on The Validity of ROI as A Measure of Business Performance", *The Mid-Atlantic Journal of Business*, 1992, Vol. 28, No. 2, pp. 105—112.

James, L. R., R. G. Demaree and G. Wolf, "Estimating Within-Group Interrater Reliability With and Without Response Bias", *Journal of Applied Psychology*, 1984, Vol. 69, No. 1, pp. 85—98.

Jehn, K. A. and E. A. Mannix, "The Dynamic Nature of Conflict: A Longitudinal Study of Intragroup Conflict and Group Performance", *Academy of Management Journal*, 2001, Vol. 44, No. 2, pp. 238—251.

Joia, L. A. , "Developing Government to Government Enterprises in Brazil: A Heuristic Model Drawn from Multiple Case Studies", *International Journal of Information Management*, 2004, Vol. 24, No. 2, pp. 147—166.

Kaplan, R. S. and D. P. Norton, "Measuring the Strategic Readiness of Intangible Assets", *Harvard Business Review*, 2004, Vol. 82, No. 2, pp. 52—63.

Kaplan, R. S. and D. P. Norton, "The Balanced Scorecard: Measures That Drive Performance", *Harvard Business Review*, 1992, Vol. 70, No. 1, pp. 71—79.

Kim, D. H. , "The Link between Individual and Organizational Learning", *Sloan Management Review*, 1993, Vol. 35, No. 1, pp. 37—50.

Knight, D. J. , "Performance Measures for Increasing Intellectual Capital", *Strategy and Leadership*, 1999, Vol. 27, No. 2, pp. 22—27.

Le Blanc, P. V. , J. T. Rich and P. W. Mulvey, "Improving the Return on Human Capital: New Metrics", *Compensation and Benefits Review*, 2000, Vol. 32, No. 1, pp. 13—20.

Leonard-Barton, D. , *Wellsprings of Knowledge: Building and Sustaining the Sources of Innovation* (*Ed.* 3), 1998, Harvard Business School Press, Boston.

Lepak, D. P. and S. A. Snell, "Examining the Human Resource Architecture: The Relationships among Human Capital, Employment, and Human Resource Configurations", *Journal of Management*, 2002, Vol. 28, No. 4, pp. 517—543.

Lepak, D. P. and S. A. Snell, "The Human Resource Architecture: Toward a Theory of Human Capital Allocation and Development", *Academy of Management Review*, 1999, Vol. 24, No. 1, pp. 31—48.

Lepak, D. P. and S. A. Snell, "Virtual HR: Strategic Human Resource Management in the 21st Century", *Human Resource Management Review*, 1998, Vol. 8, No. 3, pp. 215—234.

Levitt, B. and J. G. March, "Organizational Learning", *Annual Review of Sociology*, 1988, Vol. 14, pp. 319—340.

Lynn, B. E. ,"Performance Evaluation in the New Economy: Bringing the Measurement and Evaluation of Intellectual Capital into the Management Planning and Control System", *International Journal of Technology Management*, 1998, Vol. 16, No. 1, pp. 162—176.

MacDuffie, J. ,"Human Resource Bundles and Manufacturing Performance: Organizational Logic and Flexible Production Systems in the World Auto Industry", *Industrial and Labor Relations Review*, 1995, Vol. 48, No. 2, pp. 197—221.

Majchrzak A. , L. P. Cooper and O. E. Neece, "Knowledge Reuse for Innovation", *Management Science*, 2004, Vol. 50, No. 2, pp. 174—188.

Markovsky, B. , D. Willer and T. Patton, "Power Relations in Exchange Networks", *American Sociological Review*, 1988, Vol. 53, No. 2, pp. 220—236.

Markus, L. M. ,"Toward a Theory of Knowledge Reuse: Types of Knowledge Reuse Situations and Factors in Reuse Success", *Journal of Management Information Systems*, 2001, Vol. 18, No. 1, pp. 57—93.

Marr, B. and J. Chatzkel, "Intellectual Capital at the Crossroads: Managing, Measuring, and Reporting of IC", *Journal of Intellectual Capital*, 2004, Vol. 5, No. 4, pp. 224—229.

Marr, B. and K. Moustaghfir, "Defining Intellectual Capital a Three-dimensional Approach", *Management Decision*, 2005, Vol. 43, No. 9, pp. 1114—1128.

McCracken, M. and M. Wallace, "Exploring Strategic Maturity in HRD-Rhetoric, Aspiration or Reality?", *Journal of European Industrial Training*, 2000, Vol. 24, No. 8, pp. 423—467.

McCracken, M. and M. Wallace, "Towards a Redefinition of Strategic HRD", *Journal of European Industrial Training*, 2000, Vol. 24, No. 5, pp. 281—290.

McLagan, P. ,"Systems Model 2000: Matching Systems Theory to Future HRD Issues", In Deane Gradous (Ed.), *Systems Theory Applied to Human Resource Development*, the American Society for Training and Development Research Committee, 1989.

McLagan, P. A., *Models for Excellence: The Conclusions and Recommendations of the ASTD Training and Development Competency Study*, 1983, American Society for Training and Development, Washington DC., USA.

McLagan, P. A., "Great Ideas Revisited: Creating the Future of HRD", *Training and Development*, 1996, Vol. 50, No. 1, pp. 60—65.

McLagan, P. A., "Models for HRD Practice", *Training and Development Journal*, 1989, Vol. 43, No. 9, pp. 49—59.

Meier, K. J. and L. J. O'Toole Jr, "Managerial Strategies and Behavior in Networks: A Model with Evidence from US Public Education", *Journal of Public Administration Research and Theory*, 2001, Vol. 11, No. 3, pp. 271—294.

Miller, D. and J. Shamsie, "Learning Across the Life Cycle: Experimentation and Performance among the Hollywood Studio Heads", *Strategic Management Journal*, 2001, Vol. 22, No. 8, pp. 725—745.

Nadler, L., *Developing Human Resources*, 1970, Gulf Publish, Houston, TX, USA.

Nahapiet, J. and S. Ghoshal, "Social Capital, Intellectual Capital, and the Organizational Advantage", *Academy of Management Review*, 1998, Vol. 23, No. 2, pp. 242—266.

Nonaka, I. and H. Takeuchi, *The Knowledge-Creating Company: How Japanese Companies Create the Dynamics of Innovation*, 1995, Oxford University Press, New York.

Nonaka, I., "The Knowledge-Creating Company", *Harvard Business Review*, 1991, Vol. 69, No. 6, pp. 96—104.

Ofek, E. and M. Sarvary, "Leveraging the Customer Base: Creating Competitive Advantage Through Knowledge Management", *Management Science*, 2001, Vol. 47, No. 11, pp. 1441—1456.

Organisation for Economic Co-operation and Development (OECD), *Final Report: Measuring and Reporting Intellectual Capital: Experience, Issues, and Prospects*, 2000, OECD, Paris.

Peteraf, M. A. ,"The Cornerstones of Competitive Advantage: A Resource-Based View", *Strategic Management Journal*, 1993, Vol. 14, pp. 179—191.

Peteraf, M. A. and J. B. Barney,"Unraveling the Resource-Based Tangle", *Managerial and Decision Economics*, 2003, Vol. 24, No. 4, pp. 309—323.

Petrash, G. ,"Dow's Journey to a Knowledge Value Management Culture", *European Management Journal*, 1996, Vol. 14, No. 4, pp. 365—373.

Petty, R. and J. Guthrie,"Intellectual Capital Literature Review: Measurement, Reporting and Management", *Journal of Intellectual Capita*, 2000, Vol. 1, No. 2, pp. 155—176.

Petty, R. and J. Guthrie,"ManagingIntellectual Capital from Theory to Practice", *Australian CPA*, 1999, Vol. 69, No. 7, pp. 18—23.

Pfeffer J. , *Competitive Advantage through People: Unleashing the Power of the Work force*, 1994, Harvard Business School Press, MA, USA.

Quinn, J. B. , P. Anderson and S. Finkelstein,"Managing Professional Intellect: Making the Most of the Best", *Harvard Business Review*, 1996, Vol. 74, No. 2, pp. 71—80.

Reed, K. K. , M. Lubatkin and N. Srinivasan,"Proposing and Testing an Intellectual Capital - Based View of the Firm", *Journal of Management Studies*, 2006, Vol. 43, No. 4, pp. 867—893.

Riege, A. and N. Lindsay,"Knowledge Management in the Public Sector: Stakeholder Partnerships in the Public Policy Development", *Journal of Knowledge Management*, 2006, Vol. 10, No. 3, pp. 24—39.

Roos, J. , G. Roos, N. Dragonetti and L. Edvinsson, *Intellectual Capital: Navigating in the New Business Landscape*, 1997, MaCmillan Press, London.

Rouiller, J. Z. and I. L. Goldstein,"The Relationship between Organizational Transfer Climate and Positive Transfer of Training", *Human Resource Development Quarterly*, 1993, Vol. 4, No. 4, pp. 377—390.

Sambrook, S. ,"Factors Influencing the Context and Process of Work-Related

Learning: Synthesizing Findings from Two Research Projects", *Human Resource Development International*, 2005, Vol. 8, No. 1, pp. 101—119.

Senge, P. M., *The Fifth Discipline: the Art and Practice of the Learning Organization*, 1990, Doubleday Currency, New York.

Simon, H. A., "Bounded Rationality and Organizational Learning", *Organization Science*, 1991, Vol. 2, No. 1, pp. 125—134.

Skaggs, B. C. and M. Youndt, "Strategic Positioning, Human Capital, and Performance in Service Organizations: A Customer Interaction Approach", *Strategic Management Journal*, 2004, Vol. 25, pp. 85—99.

Spender, J. C., *Industry Recipes: The Nature and Source of Managerial Judgment*, 1989, Blackwell, Oxford.

Spender, J. C. and B. Marr, "A Knowledge-based Perspective on Intellectual Capital", in Bernard Marr (Ed.), *Perspectives on Intellectual Capital: Multidisciplinary Insights into Management, Measurement, and Reporting*, 2005, Elsevier Butterworth-Heinemann, Burlington, MA, USA.

Spender, J. C. and R. M. Grant, "Knowledge and the Firm: Overview", *Strategic Management Journal*, 1996, Vol. 17, pp. 5—9.

Stewart, T. A., *Intellectual Capital: The New Wealth of Organizations*, 1997, Doubleday Currency, New York, NY, USA.

Stewart, T. A., *The Wealth of Knowledge: Intellectual Capital and the Twenty-First Century Organization*, 2003, Nicholas Brealey Publishing Limited, New York, USA.

Subramaniam, M. and M. A. Youndt, "The Influence of Intellectual Capital on the Types of Innovative Capabilities", *Academy of Management Journal*, 2005, Vol. 48, No. 3, pp. 450—463.

Sveiby, K. E., "The Intangible Assets Monitor", *Journal of Human Resource Costing and Accounting*, 1997, Vol. 2, No. 1, pp. 73—97.

Swanson, R. A., "Human Resource Development and Its Underlying Theory", *Human Resource Development International*, 2001, Vol. 4, No. 3, pp.

299—312.

Swanson, R. A. ,"In Praise of the Dependent Variable", *Human Resource Development Quarterly*, 1996, Vol. 7, No. 3, pp. 203—207.

Szulanski, G. ,"Exploring Internal Stickiness: Impediments to the Transfer of Best Practice within the Firm", *Strategic Management Journal*, 1996, Vol. 17, No. 1, pp. 27—43.

Teece, D. J. ,"Strategies for Managing Knowledge Assets: the Role of Firm Structure and Industrial Context", *Long Range Planning*, 2000, Vol. 33, No. 1, pp. 35—54.

Torraco, R. J. and R. A. Swanson,"The Strategic Roles of Human Resource Development", *Human Resource Planning*, 1995, Vol. 18, No. 4, pp. 10—21.

Tsai, W. and S. Ghoshal,"Social Capital and Value Creation: The Role of Intrafirm Networks", *The Academy of Management Journal*, 1998, Vol. 41, No. 4, pp. 464—476.

Ulrich, D. ,"Intellectual Capital Equals Competence x Commitment", *Sloan Management Review*, 1998, Vol. 39, No. 2, pp. 15—26.

United Nations, *World Public Sector Report* 2005: *Unlocking the Human Potential for Public Sector Performance*, 2005, United Nations, New York.

Walker, R. M. and G. A. Boyne,"Public Management Reform and Organizational Performance: An Empirical Assessment of the UK Labour Government's Public Service Improvement Strategy", *Journal of Policy Analysis and Management*, 2006, Vol. 25, No. 2, pp. 371—393.

Wall, T. D. , J. Michie, M. Patterson, S. J. Wood, M. Sheehan, C. W. Clegg and M. West,"On the Validity of Subjective Measures of Company Performance", *Personnel Psychology*, 2004, Vol. 57, No. 1, pp. 95—118.

Wang, W. Y. and C. Chang,"Intellectual Capital and Performance in Causal Models: Evidence from the Information Technology Industry in Taiwan", *Journal of Intellectual Capital*, 2005, Vol. 6, No. 2, pp. 222—236.

Watson, S. and K. Hewett,"A Multi-Theoretical Model of Knowledge Transfer in Organizations: Determinants of Knowledge Contribution and Knowledge Reuse", *Journal of Management Studies*, 2006, Vol. 43, No. 2, pp. 141—173.

Willoughby, K. W., "The Affordable Resources Strategy and the Milieux Embeddedness Strategy as Alternative Approaches to Facilitating Innovation in a Knowledge-intensive Industry", *Journal of High Technology Management Research*, 2004, Vol. 5, No. 1, pp. 91—121.

Woodside, A. G., D. P. Sullivan and R. J. Trappey III, "Assessing Relationships among Strategic Types", *Journal of Business Research*, 1999, Vol. 45, No. 2, pp. 135—146.

Wright, P. M., B. B. Dunford and S. A. Snell, "Human Resources and the Resource Based View of the Firm", *Journal of Management*, 2001, Vol. 27, No. 6, pp. 701—721.

Wright, P. M. and S. A. Snell, "Toward an Integrative View of Strategic Human Resource Management", *Human Resource Management Review*, 1991, Vol. 1, No. 3, pp. 203—225.

Youndt, M. A., M. Subramaniam and S. A. Snell, "Intellectual Capital Profiles: An Examination of Investments and Returns", *Journal of Management Studies*, 2004, Vol. 41, No. 2, pp. 335—361.

Youndt, M. A., S. A. Snell, D. P. Lepak, et al, "Human Resource Management, Manufacturing Strategy, and Firm Performance", *Academy of Management Journal*, 1996, Vol. 39, No. 4, pp. 836—866.

Youndt, M. A. and S. A. Snell, "Human Resource Configurations, Intellectual Capital, and Organizational Performance", *Journal of Managerial Issues*, 2004, Vol. 16, No. 3, pp. 337—360.

Zajac, E. J. and S. M. Shortell, "Changing Generic Strategies: Likelihood, Direction and Performance Implications", *Strategic Management Journal*, 1989, Vol. 10, No. 5, pp. 413—430.

后　记

本书的研究成果能够最终完成并呈现在这里，得益于诸多师长和朋友们的关怀与帮助，在此满怀感恩之心向他们致以最诚挚的谢意！

首先要感谢我的恩师萧鸣政教授。从硕士阶段起，萧老师就一直是我的指导老师。每项研究课题都得到了萧老师的亲自指导和亲切鼓励。萧老师在生活、学习和工作上给予我的悉心关怀、精心指导和无私教诲，我将终生铭记！师恩之深，难以言表！

特别感谢潘金云教授、周志忍教授、刘峰教授、汪玉凯教授、刘旭涛教授、杨河清教授、杨百寅教授、李俊清教授、谢晓非教授、白智立教授、句华教授、燕继荣教授、田凯教授、包万超教授、杨杜教授、文跃然教授，以及远在美国的 Hui Liao 教授、Mark Huselid 教授、Susan Jackson 教授、Randall Schuler 教授、Douglas Kruse 教授、David Lepak 教授等，对本研究的理论框架、研究方法、调研过程、报告撰写等多方面给予悉心指导和无私帮助！还要感谢美国的郭旭光博士，与他的讨论给了我很多的启发，在研究过程中他更是给予了诸多帮助。各位师长广博精深的知识和严谨的治学态度是我学习的榜样。他们传授我做学问的态度及方法，让我受益良多。在此向各位老师致以最真诚的感谢！

特别感谢霄勇师兄、向勇师兄、相林师兄作为兄长，给予我温暖的关怀和帮助。在这里我要向他们致以最真诚的谢意和祝福！

感谢鲁全、龚佳丽、周禹、王剑、刘向东、马庆林、郭春潮、晏露彬、谭颖瑜、赵耀、王行健、张晔、郑毅、郑文杰、焦慧卿、江源、洪莹、张莹莹、张瑞芬、刘追、霍晓丹、陈小平、曹雁、舒忠飞、庄德水、王雄军、刘祥军、陈良文、郁天莹等朋友，他们在论文写作过程中给予我很多的帮助和启迪。还有许许多多的朋友在数据收集过程中给予我很多帮助。向这些朋友致以最真诚的感谢！

感谢远在美国新泽西的 Anselmo 家庭，Paul 和 Diana 是这个温暖大家庭的家长，他们给了我无私的照顾和关爱。在这里我要向他们致以最真诚的谢意和祝福！

特别感谢北京大学出版社的耿协峰主任，为本书的出版付出辛劳，并给予了大力支持和帮助！

最后，要深深地、深深地感谢我亲爱的父母和妻子！要感谢一直关爱我的家人！在外求学、工作多年，一直未能在家里承担起自己应尽的那份责任，深感愧疚。我亲爱的家人养育了我，他们温暖的爱、宽容和鼓励在支持着我，他们是我人生路上不懈向前的动力！在本书成书出版的过程中，我可爱的女儿辰辰诞生了，她给家里带来了无尽的欢乐！

谨将此书献给我的家人！